Jiyu Yinghe Jili de Shangshi Gongsi
Yichang Paixian yu Fei Xiaolü Touzi Xingwei Yanjiu

基于迎合激励的上市公司异常派现与非效率投资行为研究

刘孟晖 著

中国财经出版传媒集团
经济科学出版社
Economic Science Press

图书在版编目（CIP）数据

基于迎合激励的上市公司异常派现与非效率投资行
为研究/刘孟晖著. —北京：经济科学出版社，2020.9
ISBN 978 - 7 - 5218 - 1889 - 5

Ⅰ.①基…　Ⅱ.①刘…　Ⅲ.①上市公司 - 投资行为 -
研究 - 中国　Ⅳ.①F279.246

中国版本图书馆 CIP 数据核字（2020）第 176455 号

责任编辑：张　蕾
责任校对：李　建
责任印制：王世伟

基于迎合激励的上市公司异常派现与非效率投资行为研究
刘孟晖　著
经济科学出版社出版、发行　新华书店经销
社址：北京市海淀区阜成路甲 28 号　邮编：100142
编辑工作室电话：010 - 88191375　发行部电话：010 - 88191522
网址：www. esp. com. cn
电子邮箱：esp@ esp. com. cn
天猫网店：经济科学出版社旗舰店
网址：http://jjkxcbs. tmall. com
北京季蜂印刷有限公司印装
710 × 1000　16 开　10.5 印张　200000 字
2020 年 11 月第 1 版　2020 年 11 月第 1 次印刷
ISBN 978 - 7 - 5218 - 1889 - 5　定价：79.00 元
（图书出现印装问题，本社负责调换。电话：010 - 88191510）
（版权所有　侵权必究　打击盗版　举报热线：010 - 88191661
QQ：2242791300　营销中心电话：010 - 88191537
电子邮箱：dbts@ esp. com. cn）

前　言

　　股利政策是公司最核心的财务问题之一，它不仅仅是对公司利润的简单分配，而且关系到公司的投融资决策和经营业绩，长期以来受到股东、经营者和广大投资者的关注。公司的经营者在制定股利政策时，需要合理选择股利支付和留存利润之间的比例关系：一方面需要考虑留存一定量的利润作为公司长期发展的重要资金保证；另一方面需要考虑不同股利政策对公司价值的影响，满足股东多样化的股利需求。留存利润用于再投资，会增加投资者对公司未来发展前景看好的预期，可以促使公司未来股票价格的上升。同样，股东对股利的不同偏好也直接影响公司未来的股票价格，从而影响公司的长远发展。因此，股利政策的选择是上市公司所面临的一个难以处理的现实问题。

　　从外部环境来看，中国证监会的监管政策不断趋紧，从政策层面规范上市公司的股利行为。从上市公司股利政策实施结果来看，不断趋紧的监管政策改善了上市公司股利分配行为，特别是上市公司更加重视现金股利分配行为，但异常派现行为依然普遍存在，成为制约上市公司健康成长的障碍。

　　从中国上市公司股利政策实践来看，高派现与低派现行为并存，股利分配"冰火两重天"，广受投资者诟病。上市公司的派现数量和比例取决于其盈利能力、现金流状况、成长机会、股权特征、市场等诸多内、外部因素，不同公司派现原因存在差异性。高派现实施的关键在于盈利和现金流的支撑，否则可能会"掏空"公司的现金资源，影响公司的长期发展与价值。贵州茅台长期坚持高股利政策，根据其《2019 年年度报告》显示：2017～2019 年，贵州茅台派现金额（含税）分别高达 138.17 亿元、182.64 亿元和 213.87 亿元，3 年派现金额超过 500 亿元，其实际控制人贵州省国资委因其 58% 的终极所有权与控制权（2019 年底），获得超过 310 亿元的现金收益；从股利支付率来看，2017～2019年，贵州茅台支付比例分别为51.02%、51.88%和51.90%，处于相对合理与均衡水平，也与其高盈利能力相匹配，同时期，贵州茅台的加权平均净资产收益率（ROE）分别为32.95%、34.46%和33.09%。

格力电器也长期进行高额股利政策，根据其《2019年年度报告》显示：2018年和2019年，格力电器派现金额（含税）分别高达262.03亿元和246.97亿元，2年派现金额也超过500亿元，但其实际控制人珠海市国资委只持有18.22%的终极所有权与控制权（2019年底），所获现金收益有限；从股利支付率来看，2018年和2019年，格力电器支付比例分别为48.21%和29.32%，支付比例并不高，同时期，格力电器的盈利能力较高，加权平均净资产收益率（ROE）分别为33.36%和25.72%。2017年，格力电器没有进行利润分配，具体原因，公司方面的解释是产能扩充、布局新产业，但市场并不买账，公告后一周大跌7.88%，总市值损失了601亿元。

较强的盈利能力和丰富的现金流，成为贵州茅台和格力电器高派现的源泉，是一种正常派现行为，能保持较大的持续性，成为回报投资者的有效方式。如果超越盈利和现金流能力，正常高派现可能会转化为异常高派现（刘孟晖，2011），这是一种非理性派现行为，会损害公司的长期价值。根据康力电梯《2019年年度报告》显示：2017～2019年，康力电梯派现金额（含税）分别高达1.99亿元、8.75亿元和3.38亿元，派现金额并不高，但2018年和2019年出现了剧烈波动；对应的，其股利支付率出现更强的波动，2017～2019年，康力电梯支付比例分别为61.14%、5 740.51%和158.93%；从盈利能力来看，同时期，康力电梯的加权平均净资产收益率（ROE）分别为8.96%、0.44%和8.26%；从现金流状况来看，同时期，康力电梯的经营活动产生的现金流量净额分别为2.95亿元、3.52亿元和4.21亿元。2018年和2019年，康力电梯高派现超越了其盈利和现金流能力，是一种非理性的异常高派现行为，其实际控制人王友林因其44.96%的终极所有权与控制权（2019年底），获得较高的现金收益。

与高派现相反的是，不分配或按照证监会强制性分红政策门槛分配等低派现行为更加普遍，"有钱不分""有钱少分"可能源于公司长期投资的内部资金需求，但不利于投资者形成合理的预期，不利于资本市场长期投资理念的形成。从代表性案例可以看出：盈利能力、现金流状况、成长机会、股权特征、市场等诸多内、外部因素均可能影响到公司的派现行为，不同的派现行为迎合了公司不同的利益诉求，可能会对公司投资效率产生影响。因此，在对股利迎合理论进行拓展的基础上，实证检验了中国上市公司异常派现与非效率投资行为是一个值得深入研究的课题。

第一，本书首先对相关文献进行了综述。第二，给出了股利政策的制度背景，并进行了迎合理论的拓展分析。第三，在划分内部人控制模式的基础上，本书实证研究了不同内部人控制模式企业的异常派现行为，实证结果显示：强势股东会进行异常高派现来迎合自己的利益，弱势股东更愿意进行异常低派现，异常低派现更能够迎合弱势股东的利益，管理者控制企业更愿意进行异常低派现，异常低派现更能够迎合管理者的利益。第四，在股权集中、分散，所有权下降及两权分离情况下，本书实证检验了企业在异常派现与非效率投资之间的相机抉择，实证结果表明：当上市公司属于强式股东控制模式时，实际控制人会采取异常高派现和非效率低投资的侵占组合来迎合自身的利益诉求；当上市公司属于强式管理者控制模式时，管理者会采取异常低派现的侵占方式来迎合自身的利益诉求；随着实际控制人所有权和控制权的下降，实际控制人会将异常高派现和非效率低投资的侵占组合逐步转为异常低派现和非效率高投资的侵占组合，表现出显著的相机抉择特征。第五，通过选取一些内部治理指标和外部公司治理指标，本书探讨内外部公司治理机制对企业异常派现和非效率投资的抑制作用，实证检验了现金股利与投资机制的有效性，得到现有治理机制存在的问题。

基于拓展的迎合理论，本书运用中国上市公司实际数据，实证研究了上市公司异常派现与非效率投资行为之间的关系，这是对现有研究的有益补充与完善。通过分析上市公司股利分配的迎合激励，了解控股股东利用异常高派现和投资不足的相机抉择牟取私利、管理者利用异常低派现和过度投资相机抉择牟取私利，提出针对性的治理机制，这对监管上市公司不规范现金股利和投资行为提供了借鉴。

目　录

1 绪论 ·· 1

　　1.1 研究背景与意义 ·································· 1

　　1.2 研究思路与研究方法 ···························· 5

　　1.3 研究内容 ····································· 7

　　1.4 创新之处 ····································· 7

2 相关文献综述 ··· 9

　　2.1 股利政策相关理论与实证研究 ······················ 9

　　2.2 非理性投资研究 ······························· 18

3 制度背景与理论改进 ······································ 25

　　3.1 制度背景 ···································· 25

　　3.2 股利迎合理论的拓展 ···························· 28

4 上市公司异常派现的迎合激励检验 ······························ 32

　　4.1 引言 ······································ 32

　　4.2 理论分析与研究假设 ···························· 33

　　4.3 数据、变量与描述性统计 ·························· 37

　　4.4 实证结果检验 ································ 41

　　4.5 进一步分析 ·································· 44

　　4.6 稳健性检验 ·································· 56

　　4.7 结论 ······································ 62

5 异常派现与非效率投资的迎合激励检验 ······················ 65

　　5.1 引言 ······································ 65

5.2 理论分析与研究假设 ·· 67

5.3 研究设计 ··· 73

5.4 实证结果 ··· 78

5.5 拓展性研究 ·· 86

5.6 结论 ·· 103

6 现金股利与投资机制有效性检验 ···································· 105

6.1 前言 ·· 105

6.2 公司治理机制的构建 ··· 106

6.3 结论 ·· 127

7 研究结论与展望 ·· 130

7.1 研究结论 ··· 130

7.2 研究不足与展望 ·· 134

参考文献 ··· 135

| 1 |

绪　论

1.1　研究背景与意义

1.1.1　研究背景

股利政策是公司最核心的财务问题之一。一方面，股利政策体现了股东利益，是股东权益收益的重要体现。另一方面，股利政策是公司投、融资决策和经营业绩的综合体现。当公司资金来源与使用较为充分、经营业绩较好时，公司更愿意向股东支付股利。公司的经营者在制定股利政策时，需要在股利支付和留存利润之间进行相机抉择：既要考虑内部资金来源，保持合理的留存收益率，以利于公司的长期增长；又要兼顾股东利益，形成股东的合理回报。同时，公司股利政策也要考虑市场反应和监管需求，以利于公司长期价值的提升。

从外部环境来看，近年来，中国证券监督管理委员会（以下简称证监会）为了规范上市公司的股利行为，不断出台新的监管政策，股利政策的随意性得到较大改观。不断趋紧的监管政策改善了上市公司股利分配行为，上市公司股利分配的比例和比重稳步提升，这对于完善中国资本市场，形成投资者合理预期，具有重要的现实意义。

（1）监管政策不断趋紧。

从政策层面来看，证监会逐渐强化对上市公司股利政策的约束，强调规范的股利政策对中国资本市场的重要意义。

2006年5月8日，证监会发布的《上市公司证券发行管理办法》第八条（五）提出："最近三年以现金或股票方式累计分配的利润不少于最近三年实现的年均可分配利润的百分之二十。"《上市公司证券发行管理办法》的发布，表明了证监会逐渐重视股利的投资回报，但在股利分配形式上，并没有限制股票股利的分配形式，实际上，股票股利并没有现金流出，对于上市公司现金资源没有形成约束。

2008年10月9日，证监会通过的《关于修改上市公司现金分红若干规定的决定》（以下简称《决定》）指出："上市公司现金分红是实现投资者投资回报的重要形式，对于培育资本市场长期投资理念，增强资本市场的吸引力和活力，具有十分重要的作用。"首先，《决定》肯定现金分红是股权投资者的回报形式。相对于债务的回报形式——利息而言，股权的回报形式——股息①一直没有引起投资者的足够重视，较高的投机色彩使得多数投资者，特别是中小投资者更关注股票投机收益②，股利成为"得之无谓、失之可惜"的"鸡肋"。实际上，对于成熟的资本市场而言，股利反映了投资股权的内在价值，是实现股权收益的载体。其次，《决定》认为股利反映的是股权的期望价值，而非短期投机收益。根据股权价值估值原理，股权价值是未来期望股利的现值。稳定的股利支付有利于投资者形成稳定的预期，从而能够对股权价值进行理性的判断，树立长期投资的理念，这样可以吸引更多的追求稳定收益的投资者进入股市进行投资，如社保基金入市，这对于稳定股市乃至资本市场、吸引投资者起到重要的作用。2012年5月4日，证监会发布的《关于进一步落实上市公司现金分红有关事项的通知》（以下简称《通知》）进一步强调了现金分红是实现投资回报的重要形式，更是培育资本市场长期投资理念的重要途径。

然而，《决定》和《通知》均规定："最近三年以现金方式累计分配的利润不少于最近三年实现的年均可分配利润的百分之三十"，主要问题体现在：一是股利政策的"一刀切"。没有充分考虑到不同公司的特点，所有上市公司"一视同仁"，具有强制性的特征。二是现金分红门槛过低。每年平均分配比例仅占可分配利润的10%，这对于低盈利的上市公司而言，现金分红仅具象征意义，一方面，投资者难以重视；另一方面，难以制约这些上市公司低效使用现金资源的行为。

---

① 股息即股利或现金分红，考虑到不同文件或文献表述的差异，本书没有进行严格的统一。
② 股票投机收益即低买高卖所获取的价差。

2013 年 11 月 30 日，证监会发布的《上市公司监管指引第 3 号——上市公司现金分红》进一步提出了差异化的现金分红政策，其目的是"增强现金分红透明度，维护投资者合法权益。"相对于《决定》和《通知》的 30% 的刚性规定，《上市公司监管指引第 3 号——上市公司现金分红》综合考虑了所处行业特点、发展阶段、自身经营模式、盈利水平以及是否有重大资金支出安排等因素，避免了"一刀切"的弊端，切实保障具有分红能力的公司树立股东投资回报的理念，重视投资者现金回报，维护投资者合法权益。

证监会股利政策的演进反映了监管当局对现金股利的重视程度逐渐增加，将现金股利上升到"培育资本市场长期投资理念，增强资本市场活力和吸引力的重要途径"这样前所未有的高度，这表明证监会希望改变股利政策的随意性，规范现金股利，进而促进整个资本市场的良性发展。

为此，一些学者认为中国股利政策是一种半强制股利政策（李长青等，2010；魏志华等，2014，2017；强国令，2014；陈艳等，2015；刘星等，2016）。

（2）公司股利政策仍待规范。

从中国上市公司股利分配的实际来看，长期以来被广为诟病，其重要的原因在于中国上市公司股利政策不规范，既有正常派现行为，也有异常派现行为（刘孟晖，2011）。正常派现考虑了企业发展和投资者现金回报，是一种理性的派现行为；异常派现则可能体现内部人[①]利益，要么过度"压榨"公司发展所需资金（异常高派现），要么低效使用滞留的资金（异常低派现），是非理性派现行为。

2008 年以前，证监会对上市公司的现金股利分配实际上并没有强制性规定，因为上市公司可以使用股票股利代替现金股利，这使上市公司现金股利政策较为随意，内部人利用现金股利谋利行为屡见不鲜、时有发生。

陈信元等（2003）研究了佛山照明的案例，结果发现，高额现金股利并没有提高公司价值，主要原因在于现金股利可能是大股东转移资金的工具，并没有反映中小投资者的利益与愿望。刘峰等（2004）从大股东控制与利益

---

① 20 世纪 90 年代，日本学者青木昌彦在研究东欧和苏联等国家经济转型时最早提出"内部人控制"的概念，其所指的内部人包括管理者和员工两类人。但在中国，由于股权较为集中，且控股股东与管理者存在较强的关联性，控股股东也被作为内部人看待。

输送的角度对五粮液公司与五粮液集团之间的 1998～2003 年的利益往来案例进行了分析。由于缺乏对中小股东利益加以保护的法律，加之相应约束大股东的市场机制尚未建立，大股东控制更多的导致侵占中小股东利益行为的利益输送现象，其中，现金股利是一种重要类型。马曙光等（2005）发现：现金股利和资金侵占同是大股东实现其股权价值最大化的手段，二者具有可替代性。吕长江和周县华（2005）从公司治理结构安排的角度，系统研究 2001 年管理层出台新政策后公司的股利分配动机。结果表明，降低代理成本假说和利益侵占假说都在不同程度地发挥作用，集团控股公司适合降低代理成本假说；而对于政府控制公司，用利益侵占假说解释其股利分配动机更为恰当。

在宇通客车管理层收购过程中，2000～2004 年，宇通客车连续进行高派现，收购主体——上海宇通创业投资有限公司共计获取 6 169.665 万元，是本次管理层收购资金的重要来源（朱红军等，2006），现金股利成为宇通客车内部人转移资金的工具。袁振兴和杨淑娥（2006）指出，传统经典的股利理论都把现金股利政策看作实现股东价值最大化的工具，并通过市场的反应对其进行检验。但现金股利政策渗透着控制权人的利益倾向，可能成为公司控制权人利益侵占"隧道"的挖掘工具。控制权人利用现金股利挖掘利益侵占"隧道"可能有三种情况：经营者对股东利益侵占"隧道"的挖掘、大股东对小股东利益侵占"隧道"的挖掘、公司对债权人利益侵占"隧道"的挖掘。

与一些上市公司"慷慨"分红相比，一些上市公司却有钱不分，成为股市中的"铁公鸡"。2008 年之后，半强制分红政策显著提高了上市公司的分红意愿和水平，但却难以约束"铁公鸡"公司的现金股利行为，其占比也没有显著降低（魏志华等，2014）。

一些中国上市公司股利政策非理性派现行为，严重干涉了投资者对股利现金回报的合理预期，影响了投资者对上市公司价值的合理估计，不利于资本市场的良性发展。

1.1.2　研究意义

公司税后利润的分配主要有两种渠道：一是以现金股利的形式回报全体

股东；二是以未分配利润的形式作为未来发展的投资资金。作为公司内部人，经营者或大股东的现金股利行为更多地体现了控制者利益，是公司内部人与外部人利益博弈的结果。正常派现兼顾股东回报和公司未来发展，有利于投资者形成良好预期；异常派现是公司内部人重视短期利益的体现，不利于公司的长期发展。同样，正常投资是公司进行扩张、不断发展壮大的前提，但非效率投资却给公司的发展带来诸多不利影响，也反映了控制人的私有收益，不利于公司的长期发展。公司在进行股利决策时，需要在现金股利和未分配利润之间进行相机抉择。如果现金股利能够带来更大的收益，公司大股东可能会选择支付更多的现金股利，甚至进行超越能力的异常高派现，但可能引起非效率投资（投资不足）；反之，则可能引起异常低派现与非效率投资（过度投资）。

本书研究的理论价值和意义体现在：基于拓展的迎合理论，本书运用中国上市公司实际数据，实证研究了上市公司异常派现与非效率投资行为之间的关系，这是对现有研究的有益补充与完善。

本书研究的实际价值和意义体现在：通过分析上市公司股利分配的迎合激励，了解控股股东利用异常高派现和投资不足的相机抉择牟取私利、管理者利用异常低派现和过度投资相机抉择牟取私利，提出针对性的治理机制，这对监管上市公司不规范现金股利和投资行为提供了借鉴。

1.2 研究思路与研究方法

1.2.1 研究思路

第一，本书对相关文献进行了综述。第二，给出了股利政策的制度背景，并进行了迎合理论的拓展分析。第三，在划分内部人控制模式的基础上，本书实证研究了不同内部人控制模式企业的异常派现行为，并进一步分析了股权质押、生命周期阶段等可能对企业异常派现行为的影响。第四，在股权集中、分散、所有权下降及两权分离情况下，本书实证检验了企业在异常派现与非效率投资之间的相机抉择，并进一步分析了企业性质、外部监督机制、内部治理机制等可能对企业在异常派现与非效率投资之间相机抉择的影响。

第五，通过选取一些内部治理指标和外部公司治理指标，本书探讨内外部公司治理机制对企业异常派现和非效率投资的抑制作用，实证检验了现金股利与投资机制的有效性。第六，是研究结论与展望。

1.2.2 技术路线

本书采用规范研究与实证研究相结合，以规范研究作为理论分析的基础，以实证研究作为检验假设的主线，综合采用了描述统计、相关分析、回归分析等多样化的统计分析技术与方法。结合本书研究思路，得到技术路线如图 1－1 所示。

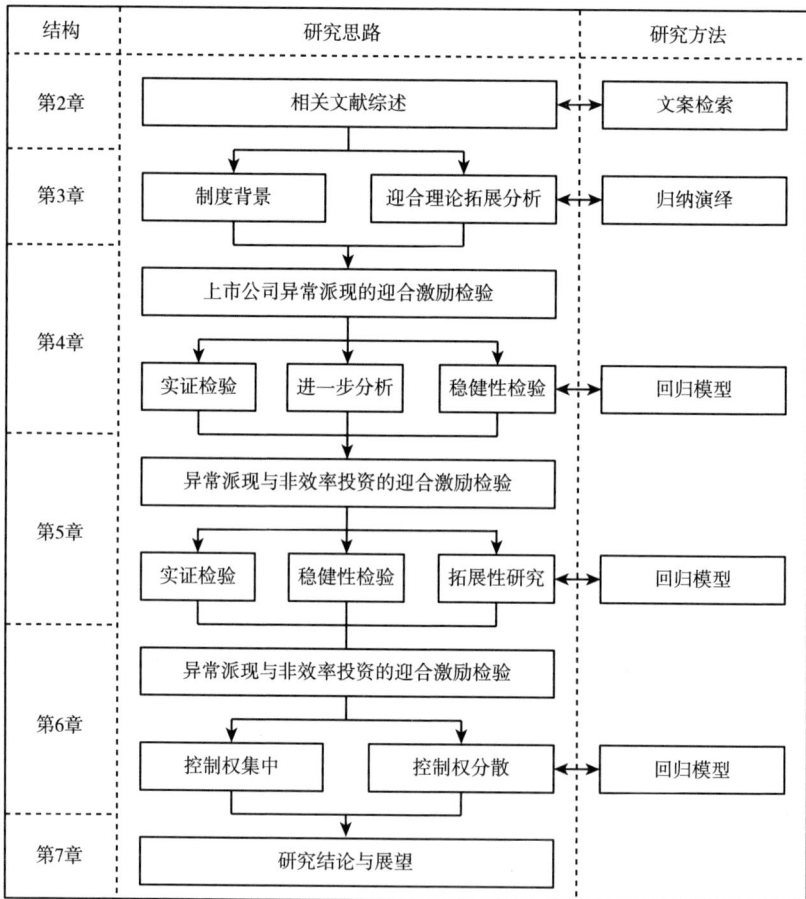

图 1－1　技术路线

1.3　研究内容

本书研究的主要内容包括如下四个方面：

（1）迎合理论的拓展。迎合理论对大股东股利需求关注不足，且对异常派现行为和非效率投资缺乏关注。本部分从股权特征、异常派现和非效率投资等方面，拓展了股利迎合理论。

（2）上市公司异常派现的迎合激励检验。在划分内部人控制模式的基础上，本部分首先实证研究了不同内部人控制模式企业的异常派现行为。进一步分析中，考虑了股权质押、生命周期阶段等可能对企业异常派现行为的影响。

（3）异常派现与非效率投资的迎合激励检验。在股权集中、分散，所有权下降及两权分离情况下，该部分首先实证检验了企业在异常派现与非效率投资之间的相机抉择。在进一步分析中，考虑了企业性质、外部监督机制、内部治理机制等可能对企业在异常派现与非效率投资之间相机抉择的影响。

（4）现金股利与投资机制有效性检验。通过选取一些内部治理指标和外部公司治理指标，本部分探讨内外部公司治理机制对企业异常派现和非效率投资的抑制作用，实证检验了现金股利与投资机制的有效性。

1.4　创新之处

本书创新主要体现在如下三个方面：

（1）迎合理论的拓展。从股权特征、异常派现和非效率投资等方面，对股利迎合理论进行了拓展，改进传统的股利迎合理论，是本书的第一个创新。

（2）上市公司异常派现的迎合激励检验。对于企业的股利行为，现有研究多集中在对企业实际派现行为的讨论，较少考虑企业的异常派现行为。本书实证检验了异常派现企业的股利政策迎合了谁的利益；并进一步分析了股权质押、生命周期阶段等可能对企业异常派现行为的影响，这是本书的第二个创新。

（3）异常派现与非效率投资的迎合激励检验。现有文献对于投资与派现关系的讨论主要停留在正常派现与非效率投资的关系，而本书则进一步关注异常派现与非效率投资的关系，发现非效率投资与异常派现作为内部人的侵占手段，存在一定的替换效应。本书对上市公司控制模式对投资和派现行为影响的研究，能够实现对控制权配置模式经济后果研究的增量贡献，这是本书的第三个创新。

| 2 |
相关文献综述

从股利与公司投资的关系来看，股利支付水平与投资所需的内源资金是一种反向关系。当股利支付率较高时，公司留存收益率下降，可用于投资的内源资金下降，公司需要使用更多的外源资金支持投资所需；反之，当股利支付率较低时，公司留存收益率上升，可用于投资的内源资金增加，公司对外源资金的依赖降低。而公司股利支付率的高低取决于多种因素，其中，股东和外部投资者对现金股利的态度是重要的影响因素。

2.1 股利政策相关理论与实证研究

2.1.1 股利政策的相关理论

国外对股利政策的研究起步较早，出现了大量的研究成果，这些成果形成两种相反的理论：股利无关论和股利相关论。在完善的资本市场条件下，不考虑交易费用和税收等因素的影响，股利政策与公司的价值无关，公司的价值完全由其投资决策决定，这就是 MM 理论（Miller and Modigliani，1961）的主要观点。然而，现实的资本市场总是不完善的，在这个假设条件放松之后，股利政策与公司价值无关的结论就不再成立，股利相关理论得到了实证分析的支持。

综观国外研究股利的文献，较有代表的观点有：税收客户效应（tax clientele effect）、信号模型（signaling models）、代理成本理论（agency cost）、自由现金流假设（free cash flow hypothesis）以及近年来逐渐兴起的行为金融模型相关股利理论，如迎合理论（catering theory）。其中，税收客户效应建立在完全信息的基础上，而具有不对称信息的不完全市场是解释信号模型、代理成本理论和自由现金流假设的基础。通过未预料的股利改变来减轻经营者与所有者之间信息不对称程度，是股利信号模型的基础；代理成本理论则把股利作为更好连接股东与公司经营者利益的纽带；自由现金流假设是信号模型和代理成本理论的一个特别组合，股利的支付能够减少公司经营者额外津贴所需的可以利用的资金水平（Frankfurter and Wood，2002）。

利用相关实证分析的结果，这些理论试图解释公司的股利分配行为，然而相互冲突的理论模型（大都缺少很强的实证支撑），却难以达成一致性的结果。公司为什么分配股利？仍然是一个悬而未决的问题，因此，布莱克（1976）将这个难题称为"股利之谜"（the dividend puzzle）。

2.1.2 两个股利代理模型

在西方金融理论中，股利在公司治理中具有重要的作用，众多研究结论表明，股利①能够缓解公司的代理问题。拉波特等（2000）指出：在公司内部人与外部人之间存在代理问题的世界中，股利能够扮演一个重要的角色。通过支付股利，内部人把公司收益归还给投资者，因此，内部人就不能使用这些收益进行自利活动。

针对股利的作用，拉波特等（2000）提出了股利的两种代理模型：

（1）股利是股东法律保护的结果，简称为结果模型（见图2-1）。在一个有效的法律环境之下，小股东利用他们的法律权利迫使公司支付股利，这样可以阻止内部人使用过多的收益进行自利活动。通过选举能够提供更好股利政策的管理者、把股份卖给可能的敌意接管者、控告公司在仅使内部人收益的活动中支出浪费，小股东可能实现自己的目的。而且，有效的法律保护使内部人转移公司资产更具法律上的风险，也具有更高的成本，这提高了股利的吸引力。在其他条件不变的情况下，小股东的权力越大，他们从公司获得的股利也就越多。

---

① 如果没有另外说明，本章所指的股利是现金股利。

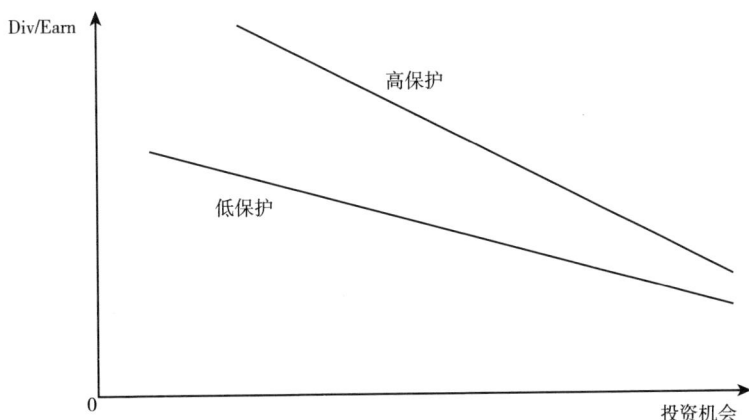

图 2-1　股利的结果模型

在具有不同股东保护的截面国家中，更好保护的含义和较高的股利支付率相联系，这一点是可以检验的。该模型还有进一步的含义。在一个具有好的法律保护的国家，比较两个公司：一个具有较好的投资机会与发展前景，而另一个则相反。感觉自己利益受到较好保护的股东愿意从具有良好投资机会的公司那里接受较低的股利支付率与再投资率，因为他们知道当公司的投资实现时，他们将会得到更高的股利回报；相反，一个缺乏投资机会的成熟公司，股东不允许它投资于非营利性项目；结果，较好股东保护与更好发展前景的公司具有显著低的股利支付率（可以从图 2-1 中高保护直线斜率得以体现）。如果股东保护较差，可能得不到这样的关系，股东可能希望马上得到他们能够获得的股利，尽管这没有高保护国家的股利支付率高。

（2）股利是股东法律保护的替代，简称为替代模型（见图 2-2）。公司要到资本市场去融资，就必须树立良好的信誉。支付股利减少了内部人牟取私人收益的资金数量，是公司树立良好信誉的一个途径。在股东权益保护较差的国家，良好的公司信誉十分重要，这就使支付股利以树立公司信誉的现象较为普遍。而在股东权益保护较好的国家，公司信誉就不是十分重要，支付的股利也就较少。在其他条件相同的情况下，对股东的保护越差，股利支付率就越高。

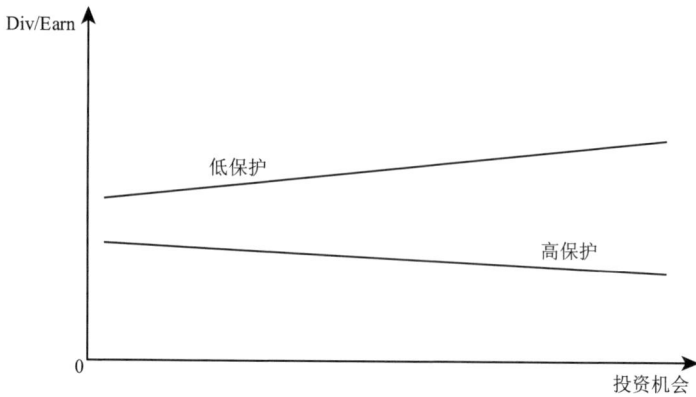

图 2 - 2　股利的替代模型

另外，根据替代模型，在其他条件相同的情况下，具有较好发展前景的公司也具有较强的建立信誉的激励，因为它具有更大的外部融资需求。结果，相对于较差发展前景的公司，较好发展前景的公司可能会选择更高的股利支付率。发展前景与股利支付率的关系不太明确。

使用世界 33 个国家的样本数据，拉波特等（2000）考察了这些国家之间不同的小股东法律保护情况，比较了不同国家公司股利政策，这些国家的小股东财富面临不同的被内部人侵占的风险。通过实证检验，支持股利的结果模型。

拉波特等（2000）的代理模型综合考虑了法律保护、发展前景以及股利支付水平之间的关系，是对西方代理理论的进一步发展，但其结论同样并不适合中国的情况。其中的原因，除了上面所列举的股权集中之外，还有中小股东保护的缺失。在我国资本市场上，由于缺乏保护小股东利益的法律机制，大股东控制更多地导致了侵害小股东利益的"掏空"现象的发生（王俊秋和张奇峰，2007）。毋庸置疑，在中国证券市场的发展过程中，《公司法》《证券法》以及证监会等监管部门出台的一系列旨在保护中小投资者权益的规章制度均在一定程度上限制了控股股东的"掏空"行为。但是，长期以来，由于缺乏严格执行的司法体系，特别是证券民事赔偿制度，中小投资者的权益仍然无法通过国家层面上的治理机制得到切实有效的保护（李增泉等，2004）。

中国公司的现金股利行为，既有国外公司的普遍性，又有其独特的规律性。它留给研究者的，是一个又一个的谜团，现有的国外股利理论很难解释中国公司的现金股利行为。

2.1.3 中国公司的现金股利之谜

（1）"black puzzle"与"three puzzle"。

尽管对投资者而言，股利具有较高的税率，但美国公司依然热衷于支付股利，为此，布莱克（1976）提出了著名的"black puzzle"。"black puzzle"实际上包含两个谜：一个是"the payout puzzle"，它表明了尽管具有税收劣势，公司依然支付较高的股利；另一个是"the repurchase puzzle"，它表明了尽管具有税收优势，股票回购不能代替股利成为首选的支付形式（DeAngelo and DeAngelo，2004）。几十年来，为了解释股利之谜，研究者们提出了很多理论，并从不同的方面的进行实证检验，但迄今为止，并没有哪一种理论或方法能够为公司股利行为提供完全令人信服的解释。

在中国市场，股利之谜就更加难以解释，为此，李和肖（2003）提出了中国股市的"three puzzle"：第一个是"black puzzle"，中国市场也存在类似于西方发达证券市场同样的股利之谜。1996～1999年，每年有47.18%的公司支付股利，1996年以后，平均支付率相当稳定，保持在55%的水平。在控制了税收因素的影响后，每年有27.45%的公司支付股利，中国公司不仅像美国公司那样定期支付股利，而且所支付股利占收入的相当大比例。朱云等（2004）的研究结果表明：中国进行派现的上市公司比例高于美国，而股利支付率也高于国际市场的平均水平。因此，虽然具有税收劣势，中国很多公司仍然选择支付股利，"black puzzle"在中国同样存在。

第二个是双峰之谜（twin-peak puzzle）。采用 $Payout_t/Payout_{t-1}$ 测度股利支付率的一致性，采用 DPS_t/DPS_{t-1} 测度股利支付水平的一致性。利用中国市场数据，可以发现 $Payout_t/Payout_{t-1}$ 和 DPS_t/DPS_{t-1} 均有向 1 集中的趋势，这表明有一组公司在采用不变的股利支付率政策，而另一组公司采用不变的股利支付水平政策。这两类公司是哪些公司，它们为什么采用不同的股利政策？这就是双峰之谜（见图 2 - 3）。

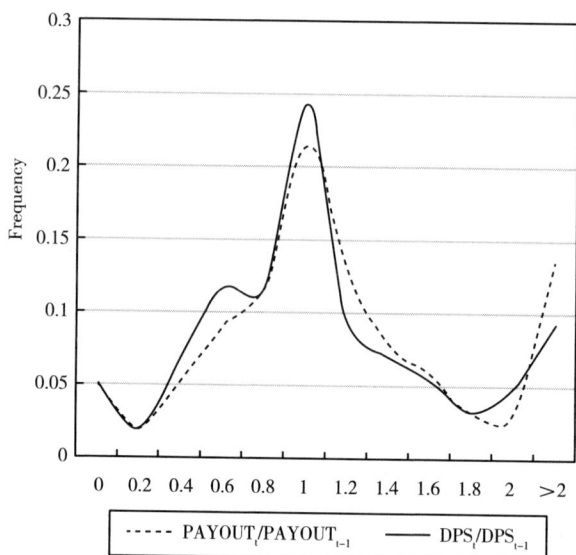

图 2 - 3 股利支付水平与支付率的双峰分布

注：PAYOUT$_t$/PAYOUT$_{t-1}$ 表示股利支付率之比；DPS$_t$/DPS$_{t-1}$ 表示股利支付水平之比；Frequency 表示频率。

第三个是信息内容之谜（information content puzzle）。图 2 - 4 中的 Panel A 测度了正或负的非期望股利改变的市场反映：市场对正的股利改变没有反映，但对负的股利改变具有正的市场反映。图 2 - 4 中的 Panel B 限制样本公司为高度或适度集中的国有公司，所得结论与 Panel A 是一致的。消减现金股利好像在传递给投资者好消息，那么这种好消息到底是什么？这就是股利的信息内容之谜。

（2）"异常派现"之谜。

除了李和肖（2003）提出的"three puzzle"之外，近年来，理论界注意到中国股市还存在"异常派现"现象。在中国股市，上市公司股利政策历来被广为诟病，一个重要原因在于上市公司的现金股利支付行为很不规范：既存在现金股利的正常派现行为，又存在超能力派现、低派现等异常派现行为，其中，异常派现行为体现了内部人利益，对公司的可持续发展极为不利（刘孟晖，2011a）。

面板A：全样本

面板B：高度和中度股权集中的上市公司

图 2 - 4　现金股利公告的市场反映

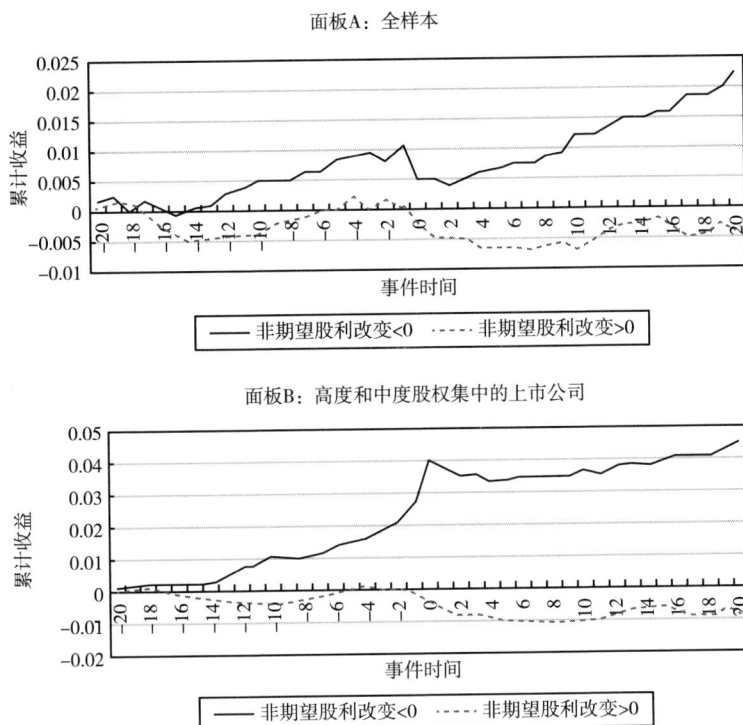

资料来源：Lee J. C., Xiao X., 2003. Cash Dividend in China: Liquidating, Expropriaion and Earnings Management. SSRN working paper.

　　在制定股利政策时，如果公司内部人既考虑公司的可持续发展，又兼顾投资者的现金回报，现金股利对内部人的限制作用就会很好地得到体现。在这种情况下，公司的现金股利行为是一种正常派现。然而，在中国股市，由于投资者保护的缺失，现金股利往往体现了公司内部人的利益倾向，可能成为内部人利益侵占的工具（陈信元等，2003；刘峰等，2004；马曙光等，2005；周县华和吕长江，2008；许文彬和刘猛，2009）。现有研究表明：我国上市公司存在严重的异常派现行为，既存在超过公司盈利能力与现金流能力的异常高派现行为，又存在不分红或象征性分红等异常低派现行为（伍利娜等，2003）。异常高派现是一种牺牲公司可持续发展为代价的派现行为，虽可为股东带来短期回报，但不利于公司的长期发展，股东的长期回报也会受到损害。谭雪（2019）的研究结果表明，实际控制人移民海外会强化其利益侵占动机，显著增加了异常高派现。异常低派现忽视股东的投资回报，虽可为公司留存更多的自由现金流用于投资，但往往带来过度投资等代理问题（Jensen，1986；Lang and Litzenberger，1989；Stulz，1990；Blanchard et al.，1994；Bates，2005；Richardson，2006；刘孟晖，2011b），也不利于公司的长期发展。刘孟晖和高友才（2015）研究表明，异常高派现会减少公司内部人所控制的现金资源，增加公司的代理成本，降低代理效率和公司价值。

关于异常派现行为的经验研究，现有文献主要集中在异常高派现或超能力派现方面（刘淑莲和胡燕鸿，2003；伍利娜等，2003；袁天荣和苏红亮，2004；王怀明和史晓明，2006），缺乏对异常低派现的研究。"超能力派现"从自由现金流的角度研究股利的分配问题。事实上，发放现金红利，不仅取决于公司的经营利润，更取决于公司的剩余现金流。与利润流相比，现金流不仅表明公司创造了多少价值，而且表明实现了多少价值。从现金流的角度进行分析，在一定程度上可以弥补利润流的缺陷，真正揭示现金分红与其派现能力的相互关系（刘淑莲和胡燕鸿，2003）。

刘淑莲和胡燕鸿（2003）用每股派现大于每股股权自由现金流量表示上市公司的超能力派现。在所选取的299家样本公司中，派发现金红利的公司为209家，占样本公司的70%，其中，股利支付超过股权自由现金流的公司为109家公司（其中，支付率超过100%的有17家，每股股权自由现金流量为负数的有92家），这意味着有50%左右的公司，其现金分红超过按每股股权自由现金流量计算的派现能力。袁天荣和苏红亮（2004）将超能力派现定义为超越公司现金能力水平的派现，即每股派现金额大于每股经营现金流量，这种派现行为容易导致公司营运资金紧张，影响公司的长期发展。2000年，共有210家上市公司每股派现金额高于每股经营现金流量，占派现公司总数的31.39%，2001年和2002年，这一比例虽然有所下降，但仍然达到26.99%和20.57%。

由于采用不同的衡量指标，二者的结果有一定的差异，但不可否认的是，"超能力派现"现象在中国确实存在，且占有相当的比重。公司进行"超能力派现"，会使其现金流紧张，不得不进行融资，这种"边派边融"的现象，难以用传统的代理理论来解释。在中国股权集中、投资者保护缺失的情况下，现金股利也成为大股东侵占的形式。不准确把握大股东利用现金股利的侵占行为，就不能破解中国股市存在的"three puzzle"和"异常派现"之谜，也就不能解释大股东治理条件下的现金股利行为。

2.1.4　现金股利的侵占

在委托代理的分析框架中，现金股利在限制内部人私利方面具有重要的作用。考虑公司的股权特征，现金股利的限制作用大致可以分为两类：一类是股权分散条件下，经营者控制公司的资源，现金股利对经营者特殊津贴、过度投资等行为的限制（Jensen，1986；Stulz，1990；Blanchard et al.，1994；Bates，2005；Richardson，2006）；另一类是股权集中条件下，大股东控制公司的资源，现金股利对控股股东自利行为的限制（Shleifer and Vishny，1997；La Porta et al.，1999，2000）。通过减少内部人所掌握的公司资源，现金股利可以有效降低公司内部人自私行为所引发的代理成本，成为公司分配利润及改善公司治理的一种重要途径。

然而，现金股利的限制作用是建立在良好的股东保护的基础之上的。正如拉波特等（2000）所指出的：现金股利是股东法律保护的结果。在新兴资本市场国家，往往缺乏良好的股东保护，现金股利的作用受到很大限制，甚至一些公司内部人将现金股利异化为侵占外部人的工具。但由于我国股市存在"同股同权不同价"的股权分置①现象，大股东持有大量"同股同权不同价"非流通股，导致的超额报酬率就会激励持有大量非流通股的控股大股东选择派发现金股利的方式对流通股股东进行掠夺。在股权分置改革基本完成后，股权分置的根源已经消除，但由于股权的高度集中，现金股利体现的是大股东利益，由此可见，在股权高度集中的中国股市，现金股利也成为大股东侵占的一种重要形式，大股东利用现金股利侵占中小股东利益的事件时有发生。

陈信元等（2003）研究了佛山照明的案例，结果发现，高额现金股利并没有提高公司价值，主要原因在于现金股利可能是大股东转移资金的工具，并没有反映中小投资者的利益与愿望。原红旗（2004）列举了武钢股份和承

---

① 股权分置是指股票首次发行（IPO）时，只允许首次发行股本或社会公众股本进入二级市场流通，而国有股、法人股不允许流通或无期限地暂不流通。"同股同权不同价"的股权分置问题，被普遍认为是困扰股市发展的头号难题，严重影响着股市的发展（马静如和张铁鹏，2006）。

德露露的案例，得出现金股利派发得越多，公众股被侵占得也就越多。刘峰等（2004）从大股东控制与利益输送的角度对五粮液公司与五粮液集团1998～2003年的利益往来案例进行了分析。由于缺乏对中小股东利益加以保护的法律，加之相应约束大股东的市场机制尚未建立，大股东控制更多的导致侵占中小股东利益行为的利益输送现象，其中，现金股利是一种重要类型。马曙光等（2005）发现：现金股利和资金侵占同是大股东实现其股权价值最大化的手段，二者具有可替代性。吕长江和周县华（2005）从公司治理结构安排的角度，系统研究2001年管理层出台新政策后公司的股利分配动机。结果表明，降低代理成本假说和利益侵占假说都在不同程度地发挥作用，集团控股公司适合降低代理成本假说；而对于政府控制公司，用利益侵占假说解释其股利分配动机更为恰当。

袁振兴和杨淑娥（2006）指出，传统经典的股利理论都把现金股利政策看作实现股东价值最大化的工具，并通过市场的反应对其进行检验。但现金股利政策渗透着控制权人的利益倾向，可能成为公司控制权人利益侵占"隧道"的挖掘工具。控制权人利用现金股利挖掘利益侵占"隧道"可能有三种情况：经营者对股东利益侵占"隧道"的挖掘、大股东对小股东利益侵占"隧道"的挖掘、公司对债权人利益侵占"隧道"的挖掘。在我国还存在着一种特殊的利益侵占"隧道"——非流通股股东对流通股股东利益侵占的"隧道"。强国令（2014）研究结果表明，公司大比例现金分红的目的是为了满足控股股东资金套现和融资圈钱的需要，股利本质是一种掏空行为。谭雪（2019）的研究结果表明，实际控制人移民海外会强化其利益侵占动机，显著增加了异常高派现。

2.2　非理性投资研究

2.2.1　非理性投资的测度模型

对于非理性投资的测度的研究，目前还主要集中于对过度投资的识别上。具有代表性的主要有三种模型：一是法扎等（1988）的投资现金流敏感模型；二是沃格特（1994）的现金流与投资机会交乘项模型；三是理查得森（2006）的残差度量模型。

1. 投资现金流敏感模型

投资现金流敏感模型建立了融资约束和公司投资之间的关系，模型形式如下：

$$(I/K)_{it} = f(X/K)_{it} + g(CF/K)_{it} + \mu_{it}$$

其中，I 代表固定资产投资，X 代表投资机会变量，CF 是公司内部自由现金流量，K 为期初公司资产存量，f 为投资额依赖投资机会的函数，g 为投资额依赖公司内部自由现金流量的函数。投资现金流敏感模型建立了自由现金流与公司投资行为之间的联系，但该模型难以直接计算过度投资，在应用中具有很大的限制。

2. 现金流与投资机会交乘项模型

现金流与投资机会交乘项模型建立了现金流与投资之间的关系，模型形式如下：

$$(I/K)_{i,t} = \beta_1(CF/K)_{i,t} + \beta_2(DCASH/K)_{i,t} + \beta_3(SALES/K)_{i,t}$$
$$+ \beta_4(Q_{i,t-1})_{i,t} + \beta_5(CF/K)_{i,t}(Q_{i,t-1}) + \mu_i + \tau_t + \varepsilon_{i,t}$$

其中，I 是固定资产投资，K 为期初固定资产，CF 为现金流（cash flow），$DCASH$ 是公司现金股利的变动额，$SALES$ 代表销售收入，Q 即为托宾的 Q 值，表示投资机会。μ 和 τ 为公司及年度控制变量。现金流与投资机会交乘项模型根据交乘项的系数符号来判断样本企业整体表现为过度投资或投资不足，在一定程度上弥补了投资现金流敏感模型的不足，但无法度量样本企业的非理性投资程度，在实际运用中也存在一定的局限性。

3. 残差度量模型

理查德森（2006）在研究自由现金流量与过度投资的关系时，在考虑企业最优投资规模因素的基础上，将公司的总投资支出分解为保持公司现有资产所必需的支出 $I_{MAINTENANCE,t}$ 及新增投资 $I_{NEW,t}$，即 $I_{TOTAL,t} = I_{MAINTENANCE,t} + I_{NEW,t}$。其中，$I_{MAINTENANCE,t}$ 包括公司资产的折旧额及固定的摊销额，这部分企业为维持机器设备等经营资产的正常运行所必需的投资支出。$I_{NEW,t}$ 则是预期投资中 NPV 大于零的投资项目于非理性投资（或非预期投资），即 $I_{NEW,t} = I^*_{NEW,t} + I^\varepsilon_{NEW,t}$。

$$I_{NEW,t} = \alpha + \beta_1 V/P_{t-1} + \beta_2 Leverage_{t-1} + \beta_3 Cash_{t-1} + \beta_4 Age_{t-1}$$
$$+ \beta_5 Size_{t-1} + \beta_6 Stock\ Returns_{t-1} + \beta_7 I_{NEW,t-1}$$
$$+ \sum Year\ Indicator + \sum Industry\ Indicator$$

该回归模型估计出了预期的新增投资水平，其中未解释的部分（或者是残差）就是估计的过度投资 $I_{NEW,t}^e$。它等于实际投资额与此估计值的差值。也就是说如果回归中的残差为正，则代表公司存在过度投资，并且残差值就是过度投资额；相反，如果残差为负，则可认为公司存在投资不足，残差的绝对值即为投资不足的额度。残差度量模型不仅可以判断过度投资或投资不足，还可以测量过度投资或投资不足的程度，在实际运用中较为广泛。不过，在估计 $I_{NEW,t}^e$ 方面，该模型还存较大争议。

由此可见，三种模型各具特点，成为测度非理性投资的基础模型，特别是残差度量模型应用最为广泛。然而，由于存在一定的限制，在实际应用中，还需要不断对之进行修正。

2.2.2 非理性投资行为的解释

2.2.2.1 委托代理角度

对于企业投资理性的分析，最早可追溯到伯利和米恩斯（1932），他们共同提出了委托代理理论（principal-agent theory），成为现代公司治理的重要组成部分。他们将公司的所有权和经营权分离，由此便产生了委托代理问题。这里的委托代理问题包含两类：第一类是股东与债权人之间的代理问题，第二类是经营者与股东之间的代理问题。

1. 第一类代理问题

杰森和麦克林（1976）提出：股东会因为自己的有限责任而热衷于一些高风险项目，如果投资成功，收益会被股东占有；一旦投资失败，债权人的利益会受损。股东的这种倾向会引发过度投资问题。然而，理性的债权人会预料到这一点，他们要求较高的收益率来弥补，由此便产生了负债带来的代理成本。迈耶斯（1977）提出，负债融资会引起企业的投资不足。他认为：当企业存在债务违约风险时，管理者可能削减股权融资的资本投资，收缩公司，向股东支付现金，并将这种行为称之为"投资不足"或"债务负担"。

通常情况下，公司投资停留在期望收益刚好等于资本成本这一点上，在这一点上，投资产生的增加现值刚好等于投资所需现值，但增加现值部分归属于公司现有债权人。债务违约风险愈大，现有债务从增加投资所获得的收益越大，债务市场价值的收益如同在新投资上加税，如果税收足够高，管理者可能会收缩公司，向股东支付现金。由此便产生了负债带来的另一种代理成本。

2. 第二类代理问题

由于所有权和经营权分离，管理者与股东的利益并不完全一致。管理者基于自身利益最大化管理公司，经理人的这种努力程度无法达到对股东而言的最优水平（Holmstrom，1979）。杰森（1986）指出：在具有较多现金流的企业，管理者与股东之间的代理冲突特别严重，管理者可能把这些现金投资于（收益水平）低于资本成本的项目或在低下的组织中浪费。如果不对管理者所控制的资源进行约束，就会产生"过度投资"。史图斯（1990）指出：当企业的现金流很低时，管理者会选择投资不足；企业的现金流较高时，管理者会选择过度投资。无论是过度投资还是投资不足，均表现出管理者为谋取自身利益的自主投资行为，体现了管理者个人利益，从而引发第二类代理问题。

2.2.2.2　信息不对称角度

传统的经济学理论通常假设市场交易双方都具有完全的信息，然而现实的市场存在信息壁垒，市场主体在大多数情况下不具备完全信息，从而使其决策行为面临许多的不确定性。这一现象早在20世纪70年代就被提出，随后便被应用到了微观经济学的各个领域。

迈耶斯和麦吉勒夫（1984）认为由于信息的不对称，存在着诸多阻碍信息自由流通的因素使得投资人无法获取企业投资项目的收益情况，会导致投资者的判断存在偏差。当企业在资本市场上进行的融资活动时，投资者无法区分这些企业的优劣，只是给出一个该行业债券的平均价格，当证券的价值被高估时，由于企业会因轻易获取了资金而引发过度投资；而当债券的价值被低估时，企业需要承担了较高的融资成本，进而转向依靠其内源融资，导致资金缺乏足够的保障而引发投资不足。纳拉亚南（1988）进一步指出：在信息不对称的情况下，部分企业会从被高估的股票估值中获益来弥补那些NPV的项小于零的项目所带来的损失，从而引发过度投资。

2.2.2.3 公司治理角度

关于公司治理引起非理性投资的问题，国内外学者主要从股权结构和资本结构（见图2-5）安排两方面进行了研究。

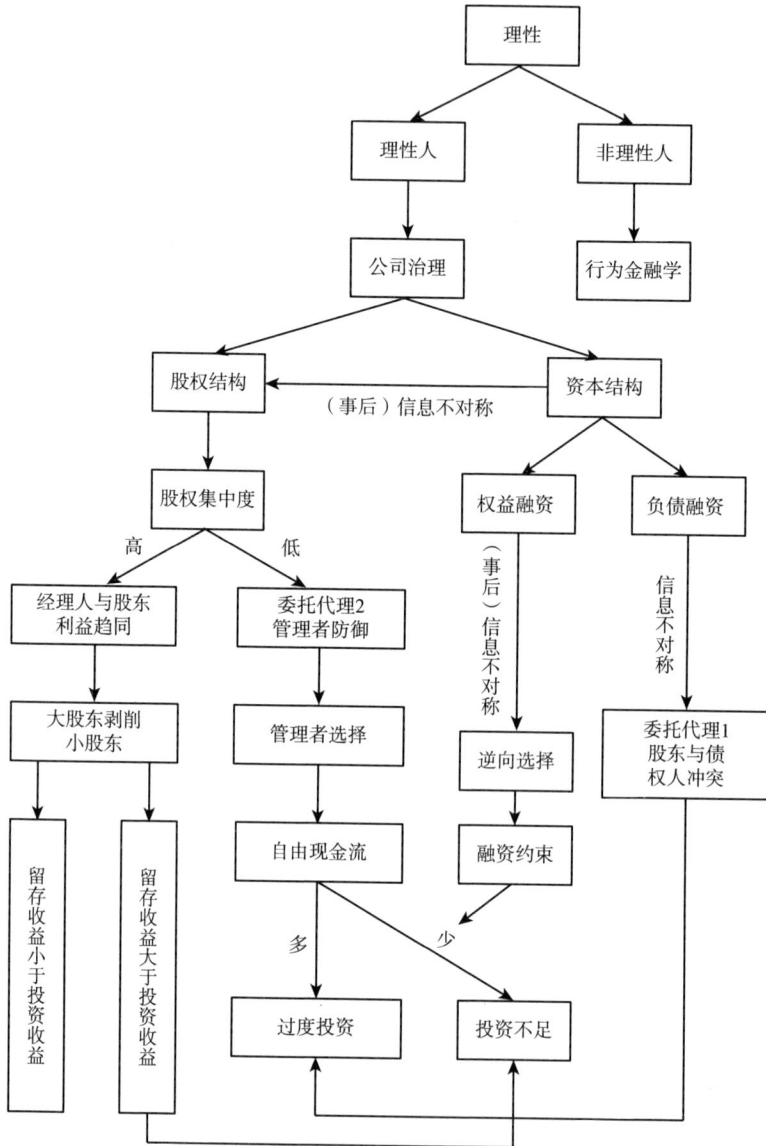

图 2-5 非理性投资关系

1. 股权结构

约翰和那克蒙（1995）提出：大股东与小股东利益的不完全一致会导致企业投资不足的行为。他们认为，经理人只对控制股东负责，代表他们的利益，因而经理人做出的投资决策有利于控制股东而非全体股东，这就会导致大股东侵占小股东的情况发生，即当企业采用发行新股为某些项目融资时，控股股东会将本应属于全体股东的留存收益用于为自己牟取利益而非用于投资，由此便出现了投资不足的倾向。

终极控制理论中控制权与现金流权的分离也引发了终极控制人即大股东与小股东之间的委托代理冲突。现金流权就是股东按照持股比例对该公司拥有的财产分红权利，控制权则是对公司的支配权。拉波特等（1999）基于控制权与现金流权的分离提出了"激励效应"与"堑壕效应"。他们认为，大股东从公司牟取私利时会考虑由此带来的现金流权的损失，因为公司受到损害时，其自身的收益也会减少。因此，大股东的现金流权越大，其为自己谋取收益时的成本越大，其损害公司的行为就会愈加收敛，与中小股东的利益就愈加一致。这种效应就被称为"激励效应"。相反，如果控制权与现金流权的差别很大，即由控制权所带来的私利大于其现金流权带来的收益时，股东就有足够的动机去损害公司而为自己牟取私利。这就是所谓的"堑壕效应"。

理查德森（2006）从会计的角度分析了公司治理结构与企业自由现金流的关系，并进行了实证研究，发现过度投资在企业中是十分普遍的现象。在他统计的非金融公司之中，过度投资在其自由现金中的比重平均为20%。并且发现，具有独立董事的公司会减少经理人的过度投资行为，经理人持股能够使得经理人与股东的代理成本减少，减少过度投资的发生。

2. 资本结构

公司的资本来源由内源融资与外源融资构成。当一个企业为其某一项目融资时，他们的首选都是内源融资，即从自身的项目盈余及折旧等方面筹措资金。只有当这些资金不足以满足其项目需要时才会考虑从外部获取资金。进而形成了企业融资的一般顺序：先寻求内源融资，然后是负债融资，最后是权益融资。对于负债融资而言，前已提及，会由于代理成本的存在使债权人的利益受损，然而理性的债权人会提高收益率，最终导致投资不足。对于权益融资而言，会因事前信息不对称导致逆向选择，进而引发融资约束，最后会因缺少自由现金流量而导致投资不足（Jensen，1976）。

2.2.2.4 行为金融角度

20世纪80年代，行为金融学产生，它从投资者的心理因素来解释这种非理性的投资活动，认为企业的非理性投资活动源于管理者及股东等利益相关者在决策时的认知偏差，主要包括投资者的乐观情绪和过度自信导致的非理性，从众心理导致的非理性及投资时特定心理因素导致的非理性。罗尔（1986）提出了"自以为是假说"，认为正是因为企业管理层的这种心理导致了过度投资。黑顿（2002）发展了他的观点，认为即使市场是完善的，管理者的过度自信会改变企业现金流的成本及收益，进而影响企业的投资行为，导致过度投资的产生。班特和杰克逊（1989）、奥达兹等（2005）和德怀尔等（2003）分别从管理者的教育背景、年龄及任期、性别等相关背景特征来研究与过度投资的关系。黑顿（2002）认为在信息不对称及委托代理问题不存在时，经理人的乐观程度可以在特定投资机会下，改变企业现金流的成本与收益，影响企业投资行为。叶蓓（2009）的实证分析结果表明管理者的自信程度与企业的投资效率或者说企业价值存在非单调的作用，适度水平下的管理者自信有助于提高企业价值，但超过一定限度后对其有不利影响。

3

制度背景与理论改进

中国上市公司的股利政策是一种半强制股利政策（李长青等，2010；魏志华等，2014，2017；强国令，2014；陈艳等，2015；刘星等，2016），受到证监会监管政策的影响。证监会对上市公司股利政策的重视程度不断增加，并将之提高到"上市公司现金分红是实现投资者投资回报的重要形式，对于培育资本市场长期投资理念，增强资本市场的吸引力和活力，具有十分重要的作用。"

3.1 制度背景

从关于利润分配的政策来看，中国股市上市公司股利政策经历了一个逐渐完善、越来越重视现金股利的过程。

《中华人民共和国公司法》（以下简称《公司法》）第一百六十七条至第一百六十九条对于利润分配作了法律程序上的规定，为公司利润分配奠定了基础。股利分配是利润分配的重要形式，《公司法》实际上也规定了公司股利分配的程序。

2000 年以前，中国股市股利分配具有较强的随意性，证监会缺乏明确的规定。2000 年以后，针对股利分配，证监会不断出台相关规定，约束和规范公司的股利分配行为。2001 年 3 月 28 日，《上市公司新股发行管理办法》第十一条（七）规定："公司最近 3 年未有分红派息，董事会对于不分配的理由未作出合理解释"，担任主承销商的证券公司应当重点关注。2004 年 12 月 7 日，《关于加强社会公众股股东权益保护的若干规定》规定"上市公司应实施积极的利润分配办法：（1）上市公司的利润分配应重视对投资者的合理投资回报。（2）上市公司应当将其利润分配办法载明于公司章程。（3）上市公司董事会未做出现金利润分配预案的，应当在定期报告中披露原因，独立董事应当对此发表独立意见；上市公司最近三年未进行现金利润分配的，不得向社会公众增发新股、发行可转换公司债券或向原有股东配售股份。（4）存在股东违规占用上市公司资金情况的，上市公司应当扣减该股东所分配的现金红利，以偿还其占用的资金。"《关于加强社会公众股股东权益保护的若干规定》的出台，意味着监管当局把现金股利当作投资回报的主要形式，股利分配开始具有制度上的规定性，而不再是上市公司的随意决定。

2006 年 5 月 8 日，证监会发布了《上市公司证券发行管理办法》，第八条（五）提出："最近三年以现金或股票方式累计分配的利润不少于最近三年实现的年均可分配利润的百分之二十。"《上市公司证券发行管理办法》的发布，表明了证监会逐渐重视股利的投资回报，但在股利分配形式上，并没有限制股票的分配形式，实际上，股票股利并没有现金流出，对于上市公司现金资源没有形成约束。

2008 年 10 月 9 日，为了引导和规范上市公司现金分红，证监会通过了《关于修改上市公司现金分红若干规定的决定》，就有关事项形成如下决定：（1）在《上市公司章程指引（2006 年修订）》第一百五十五条增加一款，作为第二款："注释：公司应当在章程中明确现金分红政策，利润分配政策应保持连续性和稳定性。"（2）在《关于加强社会公众股股东权益保护的若干规定》第四条第（一）项增加规定："上市公司可以进行中期现金分红。"（3）将《上市公司证券发行管理办法》第八条第（五）项"最近三年以现金或股票方式累计分配的利润不少于最近三年实现的年均可分配利润的百分之二十"修改为："最近三年以现金方式累计分配的利润不少于最近三年实现的年均可分配利润的百分之三十"。（4）将《公开发行证券的公司信息披露内容与格式准则第 2 号——年度报告的内容与格式（2005 年修订）》第三十七条修改为："上市公司应披露本次利润分配预案或资本公积金转增股本预案。对于本报告期内盈利但未提出现金利润分配预案的公司，应详细说明未分红的原因、未用于分红的资金留存公司的用途。公司还应披露现金分红政策在本报告期的执行情况。同时应当以列表方式明确披露公司前三年现金分红的数额、与净利润的比率。"（5）将《公开发行证券的公司信息披露内容与格式准则第 3 号——半年度报告的内容与格式（2007 年修订）》第三十七条第一款修改为："公司应当披露以前期间拟定、在报告期实施的利润分配方案、公积金转增股本方案或发行新股方案的执行情况。同时，披露现金分红政策的执行情况，并说明董事会是否制定现金分红预案。"（6）在《公开发行证券的公司信息披露编报规则第 13 号——季度报告的内容与格式特别规定（2007 年修订）》第十三条后增加一条，作为第十四条："公司应当说明本报告期内现金分红政策的执行情况。"

2011 年，中国证券监督管理委员会 41 号公告第（九）条规定："完善利润分配政策，积极回报股东，增强利润分配的透明度"，指出：（1）上市公司应树立回报股东的意识，提升股东回报，在综合分析企业经营发展实际、股东要求和意愿、社会资金成本、外部融资环境等因素的基础上，科学决定公司的利润分配政策。同时应增强利润分配的透明度，充分披露利润分配信息，便于投资者进行决策。（2）上市公司应在年报"董事会报告"部分以列表方式明确披露公司前三年股利分配情况或资本公积转增股本情况，以及前三年现金分红的数额、与净利润的比率。同时应披露本次股利分配预案或资本公积转增股本预案。（3）上市公司应当披露现金分红政策的制定及执行情况，说明是否符合公司章程的规定或者股东大会决议的要求，分红标准和比例是否明确和清晰，相关的决策程序和机制是否完备，独立董事是否尽职履责并发挥了应有的作用，中小股东是否有充分表达意见和诉求的机会，中小股东的合法权益是否得到充分维护等。对现金分红政策进行调整或变更的，应当详细说明调整或变更的条件和程序是否合规和透明。对于本报告期内盈利但未提出现金利润分配预案的公司，应详细说明未分红的原因、未用于分红的资金留存公司的用途。

2012 年 5 月 4 日，为进一步增强上市公司现金分红的透明度，便于投资者形成稳定的回报预期，证监会发布了《关于进一步落实上市公司现金分红有关事项的通知》，从决策程序和机制、决策程序、定期报告信息披露、首次公开发行股票公司信息披露、拟发行证券的上市公司股东回报规划、借壳上市、重大资产重组、合并分立或者因收购导致上市公司控制权发生变更后现金分红政策、决策过程、执行情况以及信息披露等事项的监管等九个方面对现金分红进行了规定。

2013 年 11 月 30 日，证监会发布了《上市公司监管指引第 3 号——上市公司现金分红》，进一步提出了差异化的现金分红政策，其目的是"增强现金分红透明度，维护投资者合法权益。"相对于《决定》和《通知》的30%的刚性规定，《上市公司监管指引第 3 号——上市公司现金分红》综合考虑了所处行业特点、发展阶段、自身经营模式、盈利水平以及是否有重大资金支出安排等因素，避免了"一刀切"的弊端，切实保障具有分红能力的公司树立股东投资回报的理念，重视投资者现金回报，维护投资者合法权益。

证监会股利政策的演进反映了监管当局对现金股利的重视程度逐渐增加，将现金股利上升到"培育资本市场长期投资理念，增强资本市场活力和吸引力的重要途径"这样前所未有的高度，这表明证监会希望改变股利政策的随意性，规范现金股利，进而促进整个资本市场的良性发展。

3.2 股利迎合理论的拓展

3.2.1 股利迎合理论的冲突

在破解股利之谜的理论模型中，行为金融的思想被逐渐引入。贝克和乌戈勒（2004a）提出了迎合理论来解释公司的股利行为。通过理论分析与实证检验，贝克和乌戈勒（2004a）指出：当投资者对支付股利的股票赋予溢价时，公司迎合投资者的股利需求，反之，公司不支付股利。贝克和乌戈勒（2004b）进一步指出，股利溢价与公司支付股利的倾向相关：当股票市场股利溢价为正时，股利支付倾向增加；当股利溢价为负时，股利支付倾向减少。

如同其他股利理论一样，自提出以来，迎合理论模型也得到了相互矛盾与冲突的结论。熊德华和刘力（2007）研究表明，迎合理论对中国上市公司股利政策有较强的解释能力。饶育蕾等（2008）研究表明，上市公司现金股利的发放行为表现出对投资者现金股利需求的迎合。库卡尼亚（2013）的研究也发现，当投资者对股利支付公司给予更高溢价时，公司会迎合投资者的股利需求。吕纤和罗琦（2019）研究表明，当资本市场无效率时，管理者能够通过迎合投资者非理性股利需求①获得现金股利溢价，迎合能力较强的公

---

① 非理性股利需求指的是现金股利溢价。

司更倾向于制定满足投资者非理性需求的现金股利政策。

李和列（2006）认为迎合理论是一个离散模型，仅仅简单将公司划分为支付股利公司与不支付股利公司，难以解释公司为什么改变它们的股利支付水平。为此，李和列（2006）扩展了贝克和乌戈勒（2004a）模型，发现公司股利变动决策与股利变动幅度取决于资本市场对股票的溢价。同时，迎合理论存在适用限制。费里斯等（2009）选择23个国家作为样本，结果表明：股利政策的迎合效应存在于普通法国家而不是民法国家，民法国家股利政策迎合效应的缺失可以用差的投资者保护环境下控制权私利大量存在来解释。

从既有研究来看，迎合理论及其扩展模型，对于破解公司股利之谜提供了有益思路。但现有对迎合理论的研究还存在一些不足：（1）对大股东股利需求关注不足，实际上，大股东在世界范围内普遍存在（La Porta et al., 1999；Claessens et al., 2000；Faccio and Lang, 2002）。黄娟娟和沈艺峰（2007）认为，贝克和乌戈勒（2004a）提出的股利迎合理论忽略了上市公司股权结构的特征。在股权高度集中的上市公司里，管理者制订股利政策主要是为了迎合大股东的需求，广大中小投资者的股利偏好往往被忽视。孙菲和刘渝琳（2013）研究发现，商业银行较高现金股利分配倾向是为了迎合股东需求。马鹏飞和董竹（2019）从大股东掏空与监管迎合的视角研究了现金股利折价①问题，研究结果表明，监管迎合不是股利折价根源，大股东可能将监管迎合作为掩饰其掏空的"面具"。（2）关注正常股利行为，对异常派现行为缺乏关注。在股权集中和投资者保护弱化的情况下，现金股利被异化为侵占的工具（陈信元等，2003；周县华和吕长江，2008；刘孟晖，2011b）。（3）对非效率投资缺乏关注，公司的投资行为也可成为管理者或大股东获取私利的途径。

以上不足，为迎合理论的改进与扩展提供了方向。

3.2.2 股利迎合理论的拓展

中国上市公司具有较高的股权集中度，多数上市公司的股权较为集中。

---

① 现金股利折价指的是非现金股利支付公司具有更高的价值。

在股权集中的条件下，作为公司的内部人，控股大股东对上市公司的决策包括股利决策，具有较强的控制能力。在股权分散的条件下，作为公司的内部人，不存在明显的控股大股东，分散的股权结构对上市公司的股利决策影响较小，管理层考虑自身利益最大化，会选择有利于自己的股利决策。考虑上市公司股权结构特征，是增加股利迎合理论适用性的重要途径。

（1）股权集中条件下的迎合理论拓展。

俞红海（2010）通过两阶段动态模型，研究了控股股东控制权对公司投资决策的影响。研究结果表明，股权集中企业更容易过度投资，且随着自由现金流水平的提高、控股股东控制权私利的增加，企业过度投资变得更严重。我国的上市公司大部分是国有企业改制上市，存在着较多的企业集团控股的情况，因此，大股东的利益输送可能会通过集团下上市公司之间的过度投资来实现。

控股股东的控制权与现金流权分离使股东进行利益输送的动机更加强烈。马磊和徐向艺（2010）提出上市公司的终极控股股东能够通过金字塔结构的持股方式使得对企业的控制权大于所有权，形成控制权与所有权之间的两权分离，这就为控股股东的关联交易、利润转移、掏空上市公司等行为提供了许多的便利。控股股东会进行过度投资以满足自身利益最大化的需要，使企业内部自由现金流减少，在资金匮乏的情况下企业倾向于不发或者少发现金股利，导致异常低派现。

控股股东的所有权比例越高，其利用异常高派现所获取的现金回报就会越大，当控股股东非效率投资（投资不足和过度投资）的私人收益小于异常高派现的现金回报时，会选择支付较高的股利水平。因此，控股股东拥有控制权，可能会根据异常派现（异常高派现和异常低派现）与非效率投资的相机抉择，选择有利于自己的股利和投资行为，牟取最大化私利，损害公司和外部投资者利益。在这种情况下，异常派现或非效率投资成为迎合控股股东利益的工具。

股权集中有利于降低股东与管理层之间因为竞争而产生的代理成本，但也在客观上增加了控股股东利用控制权牟取私利的动机与能力。肖珉（2005）针对现金股利的自由流量假说和利益输送假说进行了检验，实证结果表明上市公司派发现金股利不是为了减少冗余资金，而是出于大股东套取

现金的需要。因此，在股权较为集中时，大股东会出于自身利益的考虑要求
支付高现金股利，呈现出异常高派现的股利分配方式。黄娟娟和沈艺峰
（2010）实证结果表明，公司的股权越集中，其股利支付意愿以及现金股利
意愿越明显，而我国上市公司的股利政策仅仅是在迎合大股东股利支付的需
要。王茂林等（2014）也提出，在股权集中的企业，为了迎合大股东进行利
益输送的需求，企业进行异常高股利派现，使企业内部的自由现金流减少，
抑制正常的投资活动，甚至出现投资不足。

（2）股权分散条件下的迎合理论拓展。

股权分散公司的管理者不拥有或较少拥有公司的股权，难以通过现金股
利获取足够的现金回报，非效率投资将成为管理者牟取私利的重要途径，非
效率投资也会损害公司和外部投资者利益，成为迎合管理者私利的工具。

当股权集中时，股东权利相对较大，但是在国有企业所有者难以对企业
进行直接的控制，容易出现"内部人控制"的现象，管理层掌握着企业的经
营、投资等各项活动。权小锋等（2010）证明了在国有企业中，股东无法行
使权利，高管的权利较大。且随着高管权利的增加，高管获取的私有收益也
随之增加。民营企业大部分为家族企业，经理人往往是家族内部成员，因为
经理人与股东之间的关系，经理人享有较大的权力。

当企业进行异常高派现时，企业内的自由现金流被用来派发股利，抑制
了企业的过度投资甚至导致企业投资不足。肖珉（2010）通过数据分析提出
了在内部现金流紧缺的公司连续派现行为会加剧企业的投资不足。王茂林等
（2014）也提出了发放现金股利能有效减少自由现金流，抑制过度投资；若
企业自由现金流紧缺下仍连续分配股利，会导致投资不足。方红星和金玉娜
（2013）提出公司治理水平的高低体现在公司内部是否有一套完整的监督机
制和激励机制，能够约束管理者或者股东的机会主义行为，抑制管理层的非
效率投资以及股东的利益输送等危害公司利益的行为，因此，良好的监督机
制能够抑制企业的过度投资，良好的激励机制也能够抑制企业的过度投资。

4

上市公司异常派现的迎合激励检验

4.1 引 言

　　现金股利是证券投资中股票收益的重要来源，合理的股利政策不但能够平衡公司成长需求与股东回报诉求之间的关系（杨宝等，2017），也能够化解股东与管理层之间的代理冲突。因此，上市公司科学合理的股利分配政策能够维护股东的利益，促进企业的可持续发展，保证资本市场的稳定。为了保证上市公司公平合理的分配现金股利，我国多次出台相关法律法规对上市公司的派现行为进行规范和限制，如2008年证监会提出的上市公司进行半强制分红政策；2014年证监会提出的进行差异化的分红政策。但我国上市公司中不合理的派现行为频发，证券市场上异常高派现与异常低派现并存。万丰奥威2011～2013年股利分配率高达192.89%，远超当年净利润（刘孟晖和王晴云，2017）；海润光伏在资金缺口高达188 408.33万元的情况下，依然进行异常高派现，向大股东派现7.67亿元。（刘建勇和董晴，2014）。同时也有部分企业存在着少派甚至不派现行为，据统计600多家上市公司有连续五年不派现的记录（杨宝等，2017）。因此，研究企业的异常派现行为，以及其异常派现行为的迎合激励效应对于规范股利分配行为具有显著意义。

　　目前，对股利政策的研究多集中在以下几个方面：探究我国股利政策对上市公司的影响、股利支付企业的特征、管理层在股利支付中的作用以及股利支付对企业的影响等。我国在2008年提出了半强制的现金股利分红政策，再融资的上市公司最近三年内的现金分红不得低于当年净利润的20%，2009年又将这一标准修改为30%，这一规定促使企业的股利政策表现为对半强制分红政策的迎合，特别是在财务灵活度高的企业股利迎合效应更加明显（王志强和张玮婷，2012），也促使了一些非竞争性行业、高利润企业积极进行股利分配（魏志华等，2014）。企业的股利政策能够迎合证监会现金分红规定，也能够迎合控股股东及其管理者的利益。控股股东的性质、所有权与控制权的分离度以及集团控制的性质都影响企业的现金股利分配（王化成等，2007）。管理层能够操纵企业的股利支付率，管理层权力越大，越倾向于少分现金股利，降低了现金股利对过度投资的抑制作用，也使企业的投资不足问题得到缓解（王茂林等，2014）。具有股权激励计划的上市公司，管理层有更大的动机操纵股利，同时进行送转股行为来谋取股票期权收益（肖淑芳和喻梦颖，2012）。企业的股利分红政策对企业的经营绩效、投资行为也有显著的影响。现金股利能够抑制自由现金流丰富的企业进行的过度投资（刘银国等，2015），降低企业的两类代理成本，进而提高企业绩效（徐寿福和徐龙炳，2015）。因此，现金股利能够作为一种治理机制，提高公司价值。同时连续累计的分红并不能传递出企业业绩良好的信号为企业的融资带来便利，反而会强化内部现金流短缺与投资不足之间的关系（肖珉，2010）。

现有对于企业派现的研究多集中在对企业实际派现行为的讨论，较少考虑到企业的异常派现现象。本书将讨论的焦点集中在异常低派现的企业以及异常高派现的企业，探讨这类异常派现企业的股利政策迎合了谁的利益。为了更好地探究上市公司异常派现的迎合作用，本书还进一步分析了控股股东在股权质押下的异常派现行为，以及在企业生命周期的不同阶段企业的异常派现行为，从而为企业的异常派现现象找到原因。

4.2 理论分析与研究假设

4.2.1 企业的异常派现行为

企业的正常派现能够减少公司的剩余现金流，减轻股东与管理层之间的代理问题（Jensen，1976）。上市公司通过支付股利将企业的剩余现金流按比例发放给股东，避免管理层进行过度投资、限制控股股东滥用资金。同时也可以传递出公司盈利的信号（强国令，2014），促进企业的可持续发展。因此，正常的股利政策应该同时考虑公司的未来发展状况和外部投资者的利益，现金股利对内部人的限制作用就会很好地得到体现。在这种情况下，公司的现金股利行为是一种正常派现。在我国，由于投资者保护的缺失，现金股利成为控股股东实施利益侵占的工具（周县华和吕长江，2008；许文彬和刘猛，2009）。控股股东利用股票市场的信息不对称，大比例分红超额派现（曹裕，2014），利用股利的信号传递作用，营造出"回报投资者"的信号，产生了股票市场的逆向选择问题（强国令，2014）。控股股东通过异常高派现转移资金，异常派现已经成为实际控制人实施掏空的手段（肖作平和苏忠秦，2012）。

上市公司进行异常低派现使企业内部留存大量的现金流，加剧企业的非效率投资行为。控股股东少发或者不发现金股利，使控股股东掌握大量的现金流，通过关联交易等方式转移企业资金，实现自身利益最大化。

4.2.2　企业的内部人控制模式

与欧美国家不同，我国的股票市场存在着较为显著的"股权集中"问题。由大股东与中小股东利益冲突而表现出来代理问题占据主要地位（曹裕，2014）。而在东亚国家，尤其是在我国，控股股东的控制权和现金流量权分离是我国股权结构的重要特征（Claessens S，2000；Faccio M and Lang LHP，2002）。上市公司的实际控制人利用金字塔结构使其拥有的投票权大于其现金流权，导致"同股不同权"，为操纵上市公司转移资金、进行内幕交易、实施掏空行为提供了路径和便利（马磊和徐向艺，2010）。大股东的出现为中小股东"搭便车"现象提供了方法（Shleifer and Vishny，1986）。控股股东出于对自己所付出监督等行为的强烈补偿的期望，想要获得更大的控制权私有收益。控股股东控制权与现金流权的分离会加剧控股股东的过度投资行为（徐龙炳和陈百助，2010），导致大股东和中小股东之间更大的代理冲突。而且实际控制人以少量的现金流权获得较大的控制权，使得公司做出的决策以控股股东的利益为出发点（肖作平和苏忠秦，2012）。因此，控股股东控制权与现金流权是否分离以及控制权、所有权的持股比例情况都将会导致大股东作出不同的财务决策。上市公司股权集中度的不同会影响企业的现金股利分配情况。

根据以上分析，参考刘孟晖（2011a）对内部人终极控制模式的划分方法，根据实际控制人控制权与现金流权的不同将上市公司划分为强势股东控制企业、半强势股东控制企业、弱势股东控制企业以及管理者控制企业。在强势股东控制企业，股东的控制权与现金流权均大于等于 50%；在半强势股东控制企业，股东的控制权仍大于或者等于 50%，但所有权低于 50%，因此强势和半强势股东控制的企业，大股东在企业中处于绝对控股的地位；弱势股东控制企业，股东的控制权与所有权均低于 50%，但高于 20%，上市公司的股权仍相对集中，大股东处于相对控股的地位；在管理者控制企业，股东的控制权与所有权均低于 20%，企业的管理层是企业的实际控制人。

4.2.3 绝对股东控制与异常派现

绝对股东控制的企业股东控制权高于 50%。公司的股利政策体现出控股股东的利益最大化，控制股东具有显著影响公司财务政策的能力（肖作平和苏忠秦，2012）。控股股东的股利分配行为已经成为侵占中小股东利益的途径。现金股利已经成为"掏空"公司的手段。所以控股股东的持股比例越高，越容易进行异常高派现（曹裕，2014）。在强势股东控制下的公司，控股股东对上市企业拥有较高的现金流权，股东通过异常高派现能够获得大量的控制权私有收益。控股股东有动机进行高股利分配，实现利益输送的目的（干爱国和宋理升，2012）。此时，控股股东倾向于积极分配现金股利，而非进行异常低派现行为。异常低派现使得企业内部留存大量资金，导致股东与管理层之间的冲突加剧。

而当控股股东的控制权大于 50%，所有权低于 50% 时，实际控制人的控制权与现金流权分离较大。两权分离程度较大的企业，控股股东有更强烈的动机侵占中小股东的利益，控股股东的控制权私人收益远大于要付出的成本。实际控制人能够利用金字塔股权结构、交叉持股的方式通过上市公司获取较多资源，通过上市公司进行金融贷款，因为复杂的持股方式，实际控制人并没有在直接的债权债务关系中，即使违约也难以对实际控制人产生较大的影响，实际控制人通过不同子公司之间进行关联交易或者通过经营绩效不太好企业的破产、重组来保护其他企业（Bianco M.，Nicodano G.，2006；冉茂盛和李文洲，2015）。控股股东拥有的现金流权较少，如果进行较高的派现行为会减少公司的现金资源，约束实际控制人的掏空行为。因此，控股股东不会进行异常高派现甚至会减少现金股利的发放（Dyck A and Zingales L.，

2004）。由此提出假设 4 - 1：

在绝对股东控制的企业中，强势股东控制的企业倾向于进行异常高派现；半强势股东控制的企业倾向于异常低派现。

4.2.4 相对股东控制与异常派现

在相对股东控制的企业，第一大股东无法形成绝对控股，企业内部可能存在着多个大股东。多个大股东之间能够进行有效的制约，约束大股东对公司的掏空行为（朱滔，2007）。特别是在控制权与所有权分离程度较高的公司，其他大股东能够有效约束控股股东的利益输送行为（朱滔，2007）。出于监督效应，其他大股东会抑制控股股东的自利行为。

我国上市公司存在着竞争性合谋现象，大股东为了能够侵占上市公司的资源而不受干预，默许其他大股东的掏空行为，表现出一种合谋现象（刘慧龙，2009）。特别是在控股股东具有相对控股地位的公司，多个大股东形成的股东联盟，控制着上市公司，滥用公司资源，侵害中小股东的利益（吕怀立和李婉丽，2015）。在分配股利和滥用公司资源时，他们通过选择后者构建符合内部人利益的商业帝国，导致企业异常低派现与过度投资（窦炜等，2011）。

由此提出假设 4 - 2：

a. 在监督效应作用下，与股东绝对控股的企业相比，相对控股的企业不会进行异常派现。

b. 在合谋效应作用下，与股东绝对控股的企业相比，相对控股的企业更愿意进行异常低派现。

4.2.5 管理者控制与异常派现

企业的管理层能够运用权力进行寻租活动，以便获取私有收益。但这种利用自身权力操纵企业的薪酬制度会损害公司价值（权小锋等，2010；吕长江等，2008）。在管理者控制的企业，股东的权力较小，管理者受到的监督力度较弱，管理者能够通过操纵公司现金流享受更多的在职消费。此时，管理者支付较低的现金股利能给企业留存较高的现金流水平，使管理层有更高的现金流操纵水平（王茂林等，2014）。管理层利用手中的权力减少现金股利的发放，从而更好地操纵企业的现金流，使管理层的在职消费以及企业内部的过度投资增加，实现自己的利益最大化。由此提出假设 4 - 3：

与股权集中的企业相比，管理者控制的企业更倾向于进行异常低派现来迎合管理层的利益。

4.3 数据、变量与描述性统计

4.3.1 样本选择

本书选取 2010 ~ 2017 年 A 股上市公司为研究对象，剔除金融行业、ST企业以及数据缺失的公司后，得到 17223 个公司年度观察值。样本取得来自CSMAR 数据库，本书对所有变量进行了 1% 的缩尾处理（winsorize）。

4.3.2 变量设计

股东持股比例以及控制权和所有权分离程度的不同都会影响其派现行为。为了更清楚地了解企业异常派现的迎合激励状况，本书通过参考刘孟晖（2011）提出的对内部人终极控制情况的划分依据，将上市公司划分为四类，分别是强势股东控制公司；半强势股东控制公司；弱势股东控制公司；管理者控制公司。其中，强势股东控制公司中控股股东所持有的控制权和所有权均大于 50%，股东对公司有绝对的控制权，这类企业有 2 509 个；半强势股东控制公司中控股股东所持有的控制权大于 50%，但所有权位于 20% ~ 50%，股东对公司仍具有绝对的控制权，但投票权与现金流权产生了分离，这类企业有 1 256个；弱势股东控制公司的控股股东所拥有的控制权位于 20% ~ 50%，所有权小于 50%，股东对企业只是相对控制，但股权仍较为集中，这类企业有 10 116个；管理者控制公司中控股股东的控制权低于 20%，所有权低于 50%，该企业的股权较为分散，管理者是企业的实际控制人，这类企业有 3 342 个。

通过借鉴刘孟晖和武琼（2015）对异常高股利和异常低股利的定义，我们将符合以下条件的企业定义为进行异常高派现的企业：（1）每股现金股利高于 0.1 元；（2）每股现金股利大于每股收益或者每股现金股利大于每股经营现金流量。得到进行异常高股利的公司有 1 865 个。我们将符合以下条件的企业定义为进行异常低派现的企业：（1）每股现金股利低于 0.1 元或者为 0 元；（2）股利分配率低于 100%。得到进行异常低股利的公司有 10 241 个。各主要变量的定义如表 4-1 所示。

表 4-1　变量定义

变量		含义及计算方法
因变量	AHD	异常高派现，①每股现金股利≥0.1 元；②每股现金股利大于每股收益；③每股现金股利大于每股经营活动现金流量；若公司当年分红情况满足条件①且满足条件②和③中的任意一个，则 AHD=1；否则 AHD=0
	ALD	异常低派现，①每股现金股利<0.1 元；②股利分派率<100%；若公司当年分红情况同时满足条件①和条件②，则 ALD=1；否则 ALD=0
自变量	CM_A	控制模式哑变量，若公司属于强式股东控制，则 CM_A 取 1，否则 CM_A 取 0
	CM_C	控制模式哑变量，若公司属于弱式股东控制，则 CM_C 取 1，若公司属于强式股东控制或者半强式股东控制，则 CM_C 取 0
	CM_D	控制模式哑变量，若公司属于管理者控制，则 CM_D 取 1，否则 CM_D 取 0
控制变量	Size	企业规模，等于企业年末总资产的自然对数
	Leve	资产负债率，等于企业年末的总负债与总资产的比值
	Tobin'Q	托宾 Q 值，等于期末公司市值与总资产的比值
	BM	账面市值比，资产总计比上市值
	Top	第二到第十位股东持股比例之和
	Indep	独立董事人数
	STA	企业产权性质，若是国企则为 1，否则为 0
	Indus	行业虚拟变量，行业按证监会的分类标准，共有 19 个
	Year	年度虚拟变量，控制不同年份宏观经济因素的影响

4.3.3　模型回归与方法

为了对企业异常派现的迎合激励作用进行检验，本书提出以下模型：

$$AHD = \alpha_0 + \alpha_1 X_i + \alpha_2 Size + \alpha_3 Lev + \alpha_4 ROA + \alpha_5 Tobin'Q + \alpha_6 BM$$
$$+ \alpha_7 Top + \alpha_8 Indep + \alpha_9 STA + \sum Ind + \sum Year + \varepsilon \quad (4-1)$$

$$ALD = \alpha_0 + \alpha_1 X_i + \alpha_2 Size + \alpha_3 Lev + \alpha_4 ROA + \alpha_5 Tobin'Q + \alpha_6 BM$$
$$+ \alpha_7 Top + \alpha_8 Indep + \alpha_9 STA + \sum Ind + \sum Year + \varepsilon \quad (4-2)$$

在模型（4-1）和模型（4-2）中，X_i（$i=1$、2、3）分别代表了 CM_A、CM_C、CM_D，考察了强势股东控制企业、弱势股东控制企业以及管理者控制企业中的异常派现行为，能够检验假设4-1、假设4-2以及假设4-3。

为了避免异方差性对企业的影响，本书在进行模型回归时，运用 White 异方差修正方法对标准误差进行调整，使本书的结果更加稳健。

4.3.4　描述性统计

表4-2的 panel A 报告了基于总样本的描述性统计结果。在总样本中进行异常高派现的企业达到10.8%，进行异常低派现的企业达到59.5%，样本中进行异常低派现的企业远多于进行异常高派现的企业，进行异常低派现的企业过半，表明我国上市公司普遍存在异常低派现行为。从企业的内部控制来看，我国上市企业中股权集中的企业占到80.6%，股权分散的企业占到了19.4%。在股权集中的企业中，股东绝对控股的企业占到了27.1%，股东相对控股的企业占到了72.9%。在股东绝对控股的企业中，强势股东控股企业占到了66.7%，半强势股东控制企业占到了34.3%。在资本结构方面，企业的平均资产负债率达到了41.1%，其中最小值为4.5%，最大值为87.1%，最小值与最大值之间有较大差异。在企业价值方面，企业的平均托宾Q值为2.43，其中最小值为0.21，最大值为11.923，最小值与最大值之间有较大差异；从账面价值的角度来看，样本企业中的平均账面价值为0.833，其中最小值为0.084，最大值为4.792，最小值与最大值之间有较大差距。在股权结构以及外部独立董事的角度来看，企业第二大到第十大股东持股比例之和的平均值为23.664，可以看出我国上市公司的股权相对集中，第二到第十大股东对第一大股东的制约力度较弱，其中第二到第十大股东持股的最大值为56.308，最小值为2.098，最大值与最小值之间有较大的差异。部分企业没有设置独立董事，一般企业会有3个独立董事，最多的企业设立了8个独立董事，最少的企业没有设立独立董事。从独立董事的角度来看，样本企业有较大的差异。从产权性质的角度来看，样本中34.77%的企业是国企。

为了分析在不同控制模式下企业的派现行为以及财务状况，我们进一步比较了绝对股东控制、相对股东控制和管理者控制的样本中变量的差异。具体如表4-2的 panel B 所示。在 CMA 的样本中，有12.2%的企业会进行异

常高派现，高于总样本中进行异常高派现的企业的比例，也高于弱势股东中
10.1%的异常高派现企业和管理者控制样本中的11.4%异常高派现企业；有
52.6%的企业会进行异常低派现，低于总样本中进行异常低派现的企业的比
例，也低于弱势股东样本中的61.6%和管理者股东控制样本中的60.07%。强
势股东控制的企业规模最大，平均值为22.605，在弱势股东控制企业中企业规
模的平均值为21.924，在管理者控制企业中企业规模的平均值为21.671；在资
本结构方面，强势股东控制企业的资产负债率的平均值为44.6%，远高于相对
股东控制企业中的41.3%的资产负债率和管理者控制企业中36%的资产负债
率；在企业价值方面，强势股东控制企业的平均托宾Q值为2.048，低于弱
势股东控制企业和管理者控制企业，由此可知强势股东控制的企业有着相对
较低的企业价值；强势股东控制企业的账面价值平均值为1.069，高于弱势
股东控制企业和管理者控制企业的平均账面价值；从股权制衡的角度来看，
强势股东控制的企业第二到第十大股东所占的股份相对较少，平均持股数量
为18.280%，低于全样本的平均值，表明强势股东控制的企业，第二到第十
大股东的股权制衡能力相对较弱；强势股东控制企业的独立董事数量与弱势
股东控制企业、管理者控制企业基本保持一致都为3人左右；在产权性质上，
强势股东控制企业有57.2%的企业为国企，而弱势股东控制企业中只有
37.6%的企业是国企，管理者控制企业中只有12.7%的企业为国企。在强势
股东控制的企业中过半数都是国企。

表4-2　　　　　　　　　　　　　描述性统计

panel A：总样本								
变量	N	sd	mean	max	min	P25	P50	P75
AHD	17 223	0.311	0.108	1	0	0	0	0
ALD	17 223	0.491	0.595	1	0	0	1	1
CM_A	3 765	0.471	0.667	1	0	0	1	1
CM_C	13 881	0.445	0.729	1	0	0	1	1
CM_D	17 223	0.395	0.194	1	0	0	0	0
Size	17 223	1.280	22.025	26.001	19.688	21.085	21.847	22.756
Lev	17 223	0.210	0.411	0.871	0.045	0.238	0.401	0.573
Tobin'Q	17 223	2.115	2.423	11.923	0.210	1.013	1.809	3.114

panel A：总样本								
变量	N	sd	mean	max	min	P25	P50	P75
BM	17 223	0.842	0.833	4.792	0.084	0.321	0.553	0.987
Top	17 223	13.469	23.664	56.308	2.098	12.571	22.507	33.428
$Indep$	17 223	0.599	3.200	8	0	3	3	3
STA	17 223	0.484	0.371	1	0	0	0	1

panel B：分组样本								
变量	CM_A			CM_C			CM_D		
	N	Mean	Median	N	Mean	Median	N	Mean	Median
AHD	3 765	0.122	0	10 116	0.101	0	3 342	0.114	0
ALD	3 765	0.526	1	10 116	0.616	1	3 342	0.607	1
$Size$	3 765	22.605	22.377	10 116	21.924	21.785	3 338	21.671	21.573
Lev	3 765	0.446	0.447	10 116	0.413	0.403	3338	0.360	0.343
$Tobin'Q$	3 765	2.048	1.469	10 116	2.432	1.814	3 338	2.822	2.158
BM	3 765	1.069	0.861	10 116	0.816	0.551	3 338	0.622	0.463
Top	3 765	18.280	15.640	10 116	24.072	23.139	3 338	28.470	27.803
$Indep$	3 765	3.300	3	10 116	3.179	3	3 336	3.138	3
STA	3 765	0.572	1	10 116	0.376	0	3 338	0.127	0

另外，为了避免变量间存在严重的多重共线性问题，本书对变量间的相关系数进行了检验，两个变量之间相关系数的绝对值没有超过0.7，表明本书的变量之间不存在严重的多重共线性问题。

4.4　实证结果检验

表4-3的（1）列和（4）列报告了强势和半强势股东控制下的企业异常派现的结果。其中CM_A在（1）列的系数为正，且在5%的水平下显著。在（4）列的系数为负，但不显著。说明：与半强势股东控制的企业相比，强势股东控制的企业更倾向于进行异常高派现，异常高派现能够迎合强势股东的利益。而强势与半强势股东控制的企业在异常低派现上没有显著差异。假设4-1得到部分证明。表4-3的（2）列和（5）列报告了与强势和半强势股东控制的企

业相比，弱势股东控制下企业的异常派现情况。CM_C在（2）列的系数为负，且在1%的水平上显著；在（5）列的系数为正，且在1%的水平上显著。说明：与强势和半强势股东控制的企业相比，弱势股东控制的企业倾向于进行异常低派现，不愿意进行异常高派现，异常低派现更能够迎合弱势股东的利益。弱势股东控制的企业，控股股东无法对企业实现绝对控股，控股股东所持有的控制权与现金流权相对较少，此时异常低派现能够迎合企业的利益，由此证明了假设4-2的监督效应假说。表4-3的（3）列和（6）列报告了管理者控制下的企业异常派现情况。CM_D在（3）列的系数为负，且在1%的水平下显著；在（6）列的系数为正，且在1%的水平下显著。说明：与股东控制的企业相比，管理者控制的企业更倾向于进行异常低派现而不是异常高派现，异常低派现能够实现管理层的利益最大化，在管理者控制的企业中，企业的股权比较分散，第一大股东的持股比例低于20%，股东之间出于"搭便车"心态和监督成本等因素的考虑难以对管理层进行有效的监管，股东与管理层之间的代理问题严重。管理者作为企业实际控制人通过异常低股利的派现方式增加自己的在职消费行为、构建商业帝国，实现自己的利益最大化。因此，异常低派现能够迎合管理层的利益，结果证明了假设4-3。因此，对于股权集中的企业来说，强势股东控制的企业愿意进行异常高派现来迎合自己的利益；弱势股东控制的企业愿意进行异常低派现迎合自己的利益。对于股权分散的企业来说，管理者控制的企业愿意进行异常低派现迎合自己的利益。

表4-3　　　　　　　　不同股权结构下企业异常派现行为检验

变量	AHD			ALD		
	（1）	（2）	（3）	（4）	（5）	（6）
CM_A	0.382 *** (0.001)			-0.044 (0.589)		
CM_C		-0.398 *** (0.000)			0.386 *** (0.000)	
CM_D			-0.176 *** (0.006)			0.254 *** (0.000)

变量	AHD			ALD		
	（1）	（2）	（3）	（4）	（5）	（6）
Size	0.108 * （0.093）	0.084 ** （0.013）	0.093 *** （0.002）	− 0.708 *** （0.000）	− 0.643 *** （0.000）	− 0.668 *** （0.000）
Lev	− 2.613 *** （0.000）	− 1.916 *** （0.000）	− 2.043 *** （0.000）	3.237 *** （0.000）	3.150 *** （0.000）	3.310 *** （0.000）
Tobin'Q	− 0.050 （0.193）	− 0.065 *** （0.001）	− 0.051 *** （0.002）	− 0.129 *** （0.000）	− 0.070 *** （0.000）	− 0.080 *** （0.000）
BM	0.124 （0.148）	0.099 * （0.050）	0.131 *** （0.007）	0.381 *** （0.000）	0.289 *** （0.000）	0.267 *** （0.000）
Top	0.018 *** （0.000）	0.017 *** （0.000）	0.018 *** （0.000）	− 0.012 *** （0.000）	− 0.021 *** （0.000）	− 0.021 *** （0.000）
Indep	− 0.066 （0.466）	0.026 （0.616）	− 0.002 （0.964）	− 0.038 （0.505）	− 0.062 * （0.058）	− 0.063 ** （0.033）
STA	− 0.925 *** （0.000）	− 0.518 *** （0.000）	− 0.451 *** （0.000）	0.507 *** （0.000）	0.206 *** （0.000）	0.166 *** （0.000）
Ind	控制	控制	控制	控制	控制	控制
Year	控制	控制	控制	控制	控制	控制
截距	− 3.515 ** （0.013）	− 3.059 *** （0.000）	− 3.613 *** （0.000）	15.502 *** （0.000）	14.072 *** （0.000）	14.837 *** （0.000）
N	3 755	13 878	17 220	3 763	13 878	17 220
LR	245.75 ***	476.13 ***	590.96 ***	511.25 ***	1 667.17 ***	2 012.23 ***

注：*** 、** 、* 分别表示在1%、5%、10%统计水平上显著，括号内为 P 值。

从控制变量的角度来看，企业规模与异常高派现之间有较为显著的正向关系，随着企业规模的增加，企业进行异常高派现的可能性越大；企业规模与异常低派现之间有较为显著的负向关系，随着企业规模的增加，企业不倾向于进行异常低派现。企业的资本结构与异常派现之间也有显著的关系。随着企业资产负债率的增大，企业更愿意进行异常低派现而非异常高派现，异常低派现能够迎合高资产负债率企业的利益。从企业价值的角度来看，随着托宾 Q 值的增加，企业不会进行异常高派现也不倾向于进行异常低派现，此时进行正常派现更能迎合企业利益最大化。但从账面价值的角度来看，随着企业账面价值的增加，企业可能进行异常低派现也可能进行异常高派现，异常派现更能迎合企业的利益。从股权制衡的角度来看，随着第二到第十大股东持股数量的增加，企业更倾向于进行异常高派现而非异常低派现，异常高派现能够在大股东之间产生利益协同效应，多个大股东相联合共同侵占小股东的利益；而随着企业独立董事人数的增加，企业的内部治理机制得到改善，大股东的异常派现行为能够得到有效的控制，所以独立董事能够抑制企业的异常派现行为。但在强制和半强制股东控制的企业以及弱势股东控制的企业中，独立董事难以发挥有效的作用。从产权性质的角度来看，国企不会进行异常高派现，更倾向于进行异常低派现。国企的大股东多为国资委，国资委无法对企业的日常经营活动进行管理，所以企业的管理层是企业的实际控制人，管理层通过异常低股利使企业内部留存大量的资金便于在职消费、过度投资等行为，进行权力寻租实现自己的利益最大化。所以，企业会进行异常低派现迎合企业实际管理人的利益。

4.5　进一步分析

4.5.1　股权质押与异常派现

对于股权质押，部分学者认为股权质押是指大股东从金融机构提前获取的与股权价值成比例的贷款，这是一种变相的投资收回行为（郝项超和梁琪，2009）。同时在股权质押期间，质权人有权收取质物上产生的孳息，进行股权质押的股东无权处置股权所带来的现金流，现金流的支配权属于债权人（郑国坚等，2014）。因此，在进行了股权质押后的控股股东为了实现自身利益最大化，倾向于少派或者不派现，使公司内部留存较多的现金流，从而对企业内部的现金流把握绝对的支配权（廖珂等，2018）。同时当控股股东进行股权质押后，控股股东所承担的财务风险增加，为了避免质押股票被处理，控股股东有动机抑制异常高派现，从而避免控制权转移（谢德仁等，2016）。

当控股股东通过股权质押的方式进行融资后，股东对现金股利的需求下降，因此，相比没有进行股权质押的企业，进行股权质押的企业有更低的现金股利水平。由此提出假设4-4：

当控股股东进行股权质押时，随着质押比例的增加会加强企业的异常低派现，抑制企业的异常派现。

对于股权质押比例的衡量，本书通过参考郑国坚（2014）等的衡量办法，以第一大股东持有上市公司质押的股份数与第一大股东持有总股份数的比来衡量。在原检验模型的基础上，加入解释变量的交乘项，为了简单起见，本书假设交乘项对原模型的影响是一种线性关系，满足下式：

$$\alpha_1 = \beta_0 + \beta_1 Pleper \quad\quad (4-3)$$

其中，$Pleper$ 表示股权质押比例。

为了考虑在不同的大股东股权质押比例下，企业内部人控制模式对异常派现的影响。将式（4-3）代入模型（4-1）和模型（4-2），得到了含有股权质押比例交乘项的回归模型：

$$AHD = \alpha_0 + \beta_0 Xi + \beta_1 Pleper \times X_i + \alpha_2 Size + \alpha_3 Lev + \alpha_4 ROA + \alpha_5 Tobin'Q$$
$$+ \alpha_6 BM + \alpha_7 Top + \alpha_8 Indep + \alpha_9 STA + \sum Ind + \sum Year + \varepsilon$$
$$(4-4)$$

$$ALD = \alpha_0 + \beta_0 Xi + \beta_1 Pleper \times X_i + \alpha_2 Size + \alpha_3 Lev + \alpha_4 ROA + \alpha_5 Tobin'Q$$
$$+ \alpha_6 BM + \alpha_7 Top + \alpha_8 Indep + \alpha_9 STA + \sum Ind + \sum Year + \varepsilon$$
$$(4-5)$$

结果如表4-4所示。表4-4的（1）列和（4）列报告了在强势股东控制的企业，随着大股东股权质押比例的上升时，企业的异常派现情况。在（1）列 $CM_A \times Pleper$ 不显著；在（4）列 $CM_A \times Pleper$ 在10%的水平下显著。表明了强势股东控制的企业大股东股权质押比例的增加与企业异常高派现没有关系，会促进企业的异常低派现。此时，企业的异常低派现更能迎合股权质押的股东的利益。随着大股东股权质押比例的增高，企业受到的外部监管也越来越多，为了避免发生股东控制权转移的风险，企业会避免进行异常高派现。表4-4的（2）列和（5）列报告了弱势股东控制的企业，随着大股东股权质押比例的上升，企业的异常派现情况。在（2）列 $CM_c \times Pleper$ 与

CM_c同号，且在1%的水平下显著；在（5）列 $CM_c \times Pleper$ 与 CM_c 同号，在1%的水平下显著。结果表明了弱势股东控制下的企业，随着大股东股权质押比例的上升，会加强企业的异常低派现行为，同时加强对异常高派现的抑制行为。表4-4的（3）列和（6）列报告了在管理者控制的企业，随着大股东股权质押比例的上升，企业的异常派现情况。在（3）列 $CM_D \times Pleper$ 与 CM_D 同号，且在1%的水平下显著；在（6）列 $CM_D \times Pleper$ 与 CM_D 同号，在1%的水平下显著。说明了随着大股东股权质押比例的上升，管理者控制企业与异常低派现之间的正向关系得到加强，与异常高派现之间的负向关系得到加强。随着大股东股权质押比例的增加，企业更愿意进行异常低派现。上述结果证明了假设4-4，随着大股东股权质押比例的上升，企业会更倾向于进行异常低派现，此时，异常低派现能够迎合股东利益。

表4-4　　　　　　　　　　　　假设四检验结果

变量	AHD			ALD		
	（1）	（2）	（3）	（4）	（5）	（6）
CM_A	0.367 *** (0.004)			-0.091 (0.290)		
$CMA \times Pleper$	0.098 (0.749)			0.445 * (0.063)		
CMC		-0.229 *** (0.001)			0.142 *** (0.003)	
$CMC \times Pleper$		-0.906 *** (0.000)			1.311 *** (0.000)	
CMD			-0.069 (0.324)			0.068 (0.167)
$CMD \times Pleper$			-0.721 *** (0.001)			1.101 *** (0.000)
$Size$	0.108 * (0.093)	0.092 ** (0.011)	0.094 *** (0.004)	-0.705 *** (0.000)	-0.663 *** (0.000)	-0.672 *** (0.000)
Lev	-2.641 *** (0.000)	-1.733 *** (0.000)	-2.007 *** (0.000)	3.151 *** (0.000)	2.894 *** (0.000)	3.256 *** (0.000)

续表

变量	AHD			ALD		
	(1)	(2)	(3)	(4)	(5)	(6)
Tobin'Q	-0.050 (0.190)	-0.070 *** (0.000)	-0.052 *** (0.002)	-0.131 *** (0.000)	-0.067 *** (0.000)	-0.078 *** (0.000)
BM	0.129 (0.132)	0.090 * (0.092)	0.122 ** (0.015)	0.389 *** (0.000)	0.309 *** (0.000)	0.281 *** (0.000)
Top	0.018 *** (0.000)	0.014 *** (0.000)	0.017 *** (0.000)	-0.011 *** (0.000)	-0.017 *** (0.000)	-0.019 *** (0.000)
Indep	-0.066 (0.472)	0.028 (0.594)	-0.004 (0.932)	-0.037 (0.521)	-0.064 * (0.056)	-0.059 ** (0.036)
STA	-0.915 *** (0.000)	-0.658 *** (0.000)	-0.469 *** (0.000)	0.548 *** (0.000)	0.464 *** (0.000)	0.194 *** (0.000)
Ind	控制	控制	控制	控制	控制	控制
Year	控制	控制	控制	控制	控制	控制
截距	-3.512 ** (0.013)	-3.194 *** (0.000)	-3.616 *** (0.000)	15.460 *** (0.000)	14.433 *** (0.000)	14.868 *** (0.000)
N	3 752	13 871	17 213	3 760	13 871	17 213
LR	246.14 ***	520.23 ***	596.29 ***	517.40 ***	1 792.89 ***	2 045.72 ***

注：***、**、* 分别表示在 1%、5%、10% 统计水平上显著，括号内为 P 值。

4.5.2　企业的成长与异常股利

企业生命周期理论认为，企业的形成以及发展过程在不同的时期有着不同的阶段特征，即使企业所处的行业、环境不同，管理者的风格、管理模式不同，在创业期的企业，都具有生产单一、规模较小的特点。创业期企业由于处于初期，企业的经营模式尚未健全，外部投资者与企业之间的信息不对称程度较高，企业的经营也尚不稳定。此时，企业内部资金流较为紧张，不会通过异常高派现进行迎合激励，更倾向于进行异常低派现，为企业的进一步发展保存资金。当企业发展到成长期时，随着企业业务的扩展，企业逐渐发展壮大，与此对应的是企业的组织结构也逐渐完善。职业经理人的出现使企业的所有权与经营权逐步开始分离（Jawahar, I., Mc Laughlin, G., 2001）。

股东与经理人之间的矛盾也越来越多，委托代理问题开始出现（李云鹤，2011）。此时，企业仍在发展阶段，更倾向于进行异常低派现为企业留存大量资金，缓解企业的投资不足（罗琦和李辉，2015）。

当企业发展到成熟阶段时，企业的经营权与所有权分化加剧，已经形成专业的管理人团队。管理者可能会利用企业内部的现金流进行在职消费、过度投资等，实现自己的利益最大化。此时，股东与管理层的冲突加剧，委托代理问题严重（李云鹤，2011）。当企业发展到衰退阶段时，企业在市场上的竞争力下降，成长的机会萎缩。管理层和股东可能会为了自己的利益而损害投资者的利益。此时，股东可能会通过异常高派现进行掏空行为，侵占中小股东的利益（罗琦和伍敬侗，2017）。

基于以上分析，本书提出假设 4 - 5：

企业的异常高派现和异常低派现会迎合企业不同的生命周期阶段。

通过参考迪金森（2011）、谢佩洪和汪春霞（2017）、黄宏斌和翟淑萍（2016）根据企业现金流状况对企业生命周期阶段的划分方法，将企业的生命周期阶段划分为成长期、成熟期以及衰退期。本书将企业经营活动产生的现金净值和筹资活动产生的现金净值为正以及投资活动产生的现金净值为负定义为企业的成长期；将经营活动产生的现金净值为正，投资和筹资活动产生的现金净值为负定义为企业的成熟期；将经营活动产生的现金净值为负，投资和筹资活动产生的现金净值为正，以及经营活动和筹资活动产生的现金净值为负，投资活动产生的现金净值为正定义为衰退期。如表 4 - 5 所示。

表 4 - 5　　　　　　　　不同生命周期下企业现金流量情况

	成长期			成熟期			衰退期	
	初创期	成长期	成熟期	动荡期	动荡期	动荡期	衰退期	衰退期
经营活动现金流符号	-	+	+	-	+	+	-	-
投资活动现金流符号	-	-	-	-	+	+	+	+
筹资活动现金流符号	+	+	+	-	+	-	+	-

根据以上分析，提出以下模型进行检验：

$$AHD = \alpha_0 + \alpha_1 Lifei + \alpha_2 Size + \alpha_3 Lev + \alpha_4 ROA + \alpha_5 Tobin'Q + \alpha_6 BM$$
$$+ \alpha_7 Top + \alpha_8 Indep + \alpha_9 STA + \sum Ind + \sum Year + \varepsilon \quad (4-6)$$

$$ALD = \alpha_0 + \alpha_1 Lifei + \alpha_2 Size + \alpha_3 Lev + \alpha_4 ROA + \alpha_5 Tobin'Q + \alpha_6 BM$$

$$+ \alpha_7 Top + \alpha_8 Indep + \alpha_9 STA + \sum Ind + \sum Year + \varepsilon \qquad (4-7)$$

在模型（4-6）和模型（4-7）中，$Lifei$（i = 1、2、3）分别代表了 Life1（成长期）、Life2（成熟期）、Life3（衰退期）。通过 Logit 模型对上述变量进行检验。

结果如表 4-6 所示，从企业生命周期的角度来看，表 4-6 的（1）列和（4）列报告了成长期企业的异常派现行为。结果表明成长期企业不会进行异常高派现，更倾向于进行异常低派现，此时，企业的经营活动已经能够带来正的现金流，但总体仍处在建设方面，企业也不会进行异常低派现，通过正常的股利发放吸引更多的投资者。表 4-6 的（2）列、（5）列报告了成熟期企业的异常派现行为。Life2 和异常高股利在 1% 的水平下显著负相关，Life2 与异常低股利在 1% 的水平下显著负相关。结果表明成熟期企业不会进行异常高派现，也不会进行异常低派现。此时，企业的规模日益壮大，经营活动逐渐增多，企业内部的组织结构也逐渐完善。企业通过发放现金股利能够传递企业经营绩效良好的信号，增强外部投资者和股东的信心。同时，通过发放现金股利减少企业内部的自由现金流，达到降低代理成本提高投资效率的目的。因此，企业不会进行异常低派现。为了进一步的发展以及企业规模的扩大，此时，企业不会进行异常高派现。因此，成熟期的企业不会进行异常高派现也不会进行异常低派现。表 4-6 的（3）列和（6）列报告了衰退期企业的异常派现情况。Life3 与异常高派现之间在 1% 的水平上显著正相关；Life3 与异常低派现在 1% 的水平下显著正相关。结果表明了在衰退期企业的异常高派现与异常低派现并存。衰退期的企业，市场份额减少，经营活动带来的现金流也在减少，企业面临的威胁增加。企业的实际控制人为了保证自己的利益不受侵害可以通过发放超额现金股利来转移企业资金，因此，衰退期的企业愿意进行异常高股利。同时，企业的实际控制人也会通过金字塔结构、交叉持股等方式实施掏空行为，此时，企业倾向于进行异常低派现，使企业内部留存更多的资金，便于实际控制人操纵。因此，衰退期的企业也愿意进行异常低股利的派现行为。

表 4－6   不同生命周期下企业的异常派现行为

变量	AHD			ALD		
	（1）	（2）	（3）	（4）	（5）	（6）
Life1	−0.817 *** (0.000)			−0.137 *** (0.000)		
Life2		−1.093 *** (0.000)			−0.321 *** (0.000)	
Life3			1.093 *** (0.000)			0.634 *** (0.000)
Size	0.125 *** (0.000)	0.127 *** (0.000)	0.140 *** (0.000)	−0.667 *** (0.000)	−0.666 *** (0.000)	−0.658 *** (0.000)
Lev	−1.900 *** (0.000)	−2.453 *** (0.000)	−1.998 *** (0.000)	3.336 *** (0.000)	3.170 *** (0.000)	3.343 *** (0.000)
Tobin'Q	−0.035 ** (0.034)	−0.053 *** (0.002)	−0.043 *** (0.009)	−0.080 *** (0.000)	−0.084 *** (0.000)	−0.080 *** (0.000)
BM	0.134 *** (0.007)	0.112 ** (0.023)	0.122 ** (0.014)	0.267 *** (0.000)	0.265 *** (0.000)	0.262 *** (0.000)
Top	0.020 *** (0.000)	0.016 *** (0.000)	0.019 *** (0.000)	−0.020 *** (0.000)	−0.021 *** (0.000)	−0.020 *** (0.000)
Inde	0.006 (0.904)	0.001 (0.990)	0.002 (0.961)	−0.056 * (0.056)	−0.058 * (0.050)	−0.056 * (0.060)
STA	−0.504 *** (0.000)	−0.358 *** (0.000)	−0.480 *** (0.000)	0.113 *** (0.007)	0.153 *** (0.000)	0.109 *** (0.010)
Ind	控制	控制	控制	控制	控制	控制
Year	控制	控制	控制	控制	控制	控制
截距	−4.190 *** (0.000)	−4.017 *** (0.000)	−4.816 *** (0.000)	14.895 *** (0.000)	14.982 *** (0.000)	14.603 *** (0.000)
N	17 220	17 220	17 220	17 220	17 220	17 220
LR	738.91 ***	840.72 ***	779.63 ***	1 991.99 ***	2 046.20 ***	2 010.35 ***

注：*** 、** 、* 分别表示在1%、5%、10%统计水平上显著，括号内为 P 值。

总的来说，企业在不同的生命周期阶段会进行不同的派现行为。在成长期和成熟期，企业不会进行异常高派现也不会进行异常低派现，此时与异常派现相比，正常派现更能迎合企业的利益；在衰退期，企业会进行异常高派现也会进行异常低派现，此时异常派现更能迎合企业利益。

为了进一步分析证明不同控制模式下的企业在不同的生命周期阶段的异常派现行为。我们在原模型中加入关于企业生命周期阶段的交乘项。为了简单，而不是一般性，我们假设这种影响是一种线性关系。

$$\alpha_1 = \beta_0 + \beta_1 Lifei \tag{4-8}$$

其中，$Lifei$（$i = 1$、2、3）表示企业的生命周期阶段。将式（4-8）代入模型（4-1）和模型（4-2）中，得到下式：

$$AHD = \alpha_0 + \beta_0 X_i + \beta_1 X_i \times Life_i + \alpha_2 Size + \alpha_3 Lev + \alpha_4 ROA + \alpha_5 Tobin'Q$$
$$+ \alpha_6 BM + \alpha_7 Top + \alpha_8 Inde + \alpha_9 STA + \sum Ind + \sum Year + \varepsilon \tag{4-9}$$

$$ALD = \alpha_0 + \beta_0 X_i + \beta_1 X_i \times Life_i + \alpha_2 Size + \alpha_3 Lev + \alpha_4 ROA + \alpha_5 Tobin'Q$$
$$+ \alpha_6 BM + \alpha_7 Top + \alpha_8 Inde + \alpha_9 STA + \sum Ind + \sum Year + \varepsilon \tag{4-10}$$

结果如表4-7、表4-8和表4-9所示，其中表4-7列式了强势和半强势股东控制下的企业在不同生命周期阶段的异常派现行为。在表4-7的（1）列和（2）列，$Life1 \times CMA$ 以及 $Life2 \times CMA$ 的符号都显著为负，且与 CMA 异号。说明了企业发展过程中的成长期和成熟期能够对强势股东的异常派现行为起到调节作用，且能够抑制强势股东的异常高派现行为，同时（4）列和（5）列 $Life1 \times CMA$ 以及 $Life2 \times CMA$ 的符号也为负，说明强势股东在企业发展过程中的成长期以及成熟期不会进行异常低派现。（3）列 $Life3 \times CMA$ 的符号为正，与 CMA 同号。表明了强势股东控制的企业在衰退期会加强其异常高派现行为。（6）列 $Life3 \times CMA$ 的符号显著为正，与原 CMA 异号，表明强势股东也会进行异常低派现来迎合自己的利益。由此可知，在企业的成长期和成熟期能够抑制强势股东进行异常派现，在企业的衰退期则加强了强势股东的异常派现行为，而且在衰退期强势股东不但会加强其异常高派现的掏空行为，也会促使其通过异常低派现进行利益侵占。

表 4 - 7　　　　　　不同生命周期阶段强势股东的异常派现行为

变量	AHD			ALD		
	(1)	(2)	(3)	(4)	(5)	(6)
CM_A	0.661 ***	0.600 ***	0.262 **	-0.032	0.054	-0.081
	(0.000)	(0.000)	(0.035)	(0.716)	(0.539)	(0.328)
$Life1 \times CM_A$	-0.896 ***			-0.031		
	(0.000)			(0.738)		
$Life2 \times CM_A$		-0.828 ***			-0.279 ***	
		(0.000)			(0.003)	
$Life3 \times CM_A$			1.194 ***			0.587 ***
			(0.000)			(0.002)
$Size$	0.102 *	0.136 **	0.131 **	-0.708 ***	-0.700 ***	-0.704 ***
	(0.085)	(0.036)	(0.028)	(0.000)	(0.000)	(0.000)
Lev	-2.486 ***	-2.884 ***	-2.609 ***	3.244 ***	3.158 ***	3.261 ***
	(0.000)	(0.000)	(0.000)	(0.000)	(0.000)	(0.000)
$Tobin'Q$	-0.035	-0.055	-0.046	-0.128 ***	-0.130 ***	-0.127 ***
	(0.316)	(0.157)	(0.209)	(0.000)	(0.000)	(0.000)
BM	0.146 *	0.115	0.138 *	0.382 ***	0.377 ***	0.385 ***
	(0.075)	(0.179)	(0.095)	(0.000)	(0.000)	(0.000)
Top	0.021 ***	0.016 ***	0.019 ***	-0.012 ***	-0.012 ***	-0.012 ***
	(0.000)	(0.000)	(0.000)	(0.000)	(0.000)	(0.000)
$Indep$	-0.060	-0.060	-0.058	-0.037	-0.040	-0.036
	(0.508)	(0.507)	(0.528)	(0.513)	(0.484)	(0.528)
STA	-0.972 ***	-0.903 ***	-0.995 ***	0.506 ***	0.520 ***	0.494 ***
	(0.000)	(0.000)	(0.000)	(0.000)	(0.000)	(0.000)
Ind	控制	控制	控制	控制	控制	控制
$Year$	控制	控制	控制	控制	控制	控制
C	-3.622 ***	-3.955 ***	-4.101 ***	15.498 ***	15.382 ***	15.376 ***
	(0.010)	(0.006)	(0.004)	(0.000)	(0.000)	(0.000)
N	3 755	3 755	3 755	3 763	3 763	3 763
LR	270.84 ***	287.52 ***	277.86 ***	511.14 ***	522.18 ***	511.94 ***

注：***、**、*分别表示在1%、5%、10%统计水平上显著，括号内为P值。

　　表4-8列式了与强势、半强势股东控制的企业相比，弱势股东控制下的企业在不同生命周期阶段的异常派现行为。表4-8的（1）列和（2）列 $Life1 \times CMC$ 以及 $Life2 \times CMC$ 的符号都为负，与 CMC 同号，说明了企业发展过程中的成长期和成熟期能够加强弱势股东与异常高派现之间的负向关系，在企业的成长期和成熟期，弱势股东更不愿意进行异常高派现。（4）列和（5）列 $Life1 \times CMC$ 以及 $Life2 \times CMC$ 的符号也为负，与 CMC 异号，说明弱势股东在企业发展过程中的成长期以及成熟期会抑制企业的异常低派现行为。（3）列 $Life3 \times CMC$ 的符号为正，与 CMC 异号，表明衰退期能够抑制弱势股东与异常高派现之间的负向关系。（6）列 $Life3 \times CMC$ 的符号为正，与 CMC 同号，表明在衰退期弱势股东与异常低派现之间的正向关系得到加强。与成长期和成熟期相比，弱势股东更愿意在衰退期进行异常低派现来迎合自己的利益。在衰退期弱势股东的异常低派现行为得到加强。

表4-8　　　　不同生命周期阶段半强式股东的异常派现行为

变量	AHD			ALD		
	（1）	（2）	（3）	（4）	（5）	（6）
CM_C	-0.153 ** (0.027)	-0.136 ** (0.043)	-0.530 *** (0.000)	0.425 *** (0.000)	0.501 *** (0.000)	0.348 *** (0.000)
$Life1 \times CM_C$	-0.854 *** (0.000)			-0.107 ** (0.021)		
$Life2 \times CM_C$		-1.144 *** (0.000)			-0.344 *** (0.000)	
$Life3 \times CM_C$			1.166 *** (0.000)			0.566 *** (0.000)
$Size$	0.108 *** (0.001)	0.099 *** (0.007)	0.112 *** (0.002)	-0.639 *** (0.000)	-0.641 *** (0.000)	-0.635 *** (0.000)
Lev	-1.819 *** (0.000)	-2.197 *** (0.000)	-1.858 *** (0.000)	3.170 *** (0.000)	3.060 *** (0.000)	3.187 *** (0.000)
$Tobin'Q$	-0.056 *** (0.003)	-0.068 *** (0.001)	-0.061 *** (0.002)	-0.068 *** (0.000)	-0.071 *** (0.000)	-0.069 *** (0.000)

变量	AHD			ALD		
	（1）	（2）	（3）	（4）	（5）	（6）
BM	0.096 *	0.096 *	0.091 *	0.288 ***	0.290 ***	0.285 ***
	（0.061）	（0.070）	（0.087）	（0.000）	（0.000）	（0.000）
Top	0.019 ***	0.016 ***	0.018 ***	− 0.021 ***	− 0.022 ***	− 0.021 ***
	（0.000）	（0.000）	（0.000）	（0.000）	（0.000）	（0.000）
Inde	0.029	0.031	0.023	− 0.062 *	− 0.061 *	− 0.063 *
	（0.573）	（0.548）	（0.657）	（0.060）	（0.065）	（0.056）
STA	− 0.578 ***	− 0.479 ***	− 0.562 ***	0.198 ***	0.225 ***	0.193 ***
	（0.000）	（0.000）	（0.000）	（0.000）	（0.000）	（0.000）
Ind	控制	控制	控制	控制	控制	控制
Year	控制	控制	控制	控制	控制	控制
C	− 3.616 ***	− 3.342 ***	− 3.654 ***	13.995 ***	14.045 ***	13.902 ***
	（0.000）	（0.000）	（0.000）	（0.000）	（0.000）	（0.000）
N	13 878	13 878	13 878	13 878	13 878	13 878
LR	557.34 ***	618.85 ***	597.14 ***	1 673.63 ***	1 695.02 ***	1 679.79 ***

注：*** 、** 、* 分别表示在 1% 、5% 、10% 统计水平上显著，括号内为 P 值。

表 4 - 9 列式了与股东控制的企业相比，管理者控制下的企业在不同生命周期阶段的异常派现行为。表 4 - 9 的（1）列和（2）列 $Life1 \times CMD$ 以及 $Life2 \times CMD$ 的符号都显著为负，且与 CMD 同号，说明了企业发展过程中的成长期和成熟期能够加强管理者与异常高派现之间的负向关系，在企业的成长期和成熟期，管理者更不愿意进行异常高派现。（4）列和（5）列 $Life1 \times CMD$ 以及 $Life2 \times CMD$ 的符号也显著为负，与 CMD 异号，说明企业发展过程中的成长期以及成熟期会抑制管理者的异常低派现行为。（3）列 $Life3 \times CMD$ 的符号显著为正，与 CMD 异号，表明衰退期能够抑制管理者与异常高派现之间的负向关系。（6）列 $Life3 \times CMD$ 的符号显著为正，且与 CMD 同号，表明在衰退期管理者与异常低派现之间的正向关系得到加强。与成长期和成熟期相比，管理者更愿意在衰退期进行异常低派现来迎合自己的利益。在衰退期管理者的异常低派现行为得到加强。

表 4 - 9　　　　　　　　不同生命周期阶段管理者的异常派现行为

变量	AHD			ALD		
	(1)	(2)	(3)	(4)	(5)	(6)
CM_D	0.024 (0.741)	0.040 (0.560)	-0.249*** (0.000)	-0.337*** (0.000)	0.325*** (0.000)	0.195*** (0.000)
$Life1 \times CM_D$	-0.585*** (0.000)			-0.107** (0.021)		
$Life2 \times CM_D$		-1.020*** (0.000)			-0.245*** (0.003)	
$Life3 \times CM_D$			0.675*** (0.000)			0.818*** (0.000)
$Size$	0.098*** (0.003)	0.095*** (0.004)	0.098*** (0.003)	-0.666*** (0.000)	-0.668*** (0.000)	-0.664*** (0.000)
Lev	-2.023*** (0.000)	-2.117*** (0.000)	-2.044*** (0.000)	3.328*** (0.000)	3.291*** (0.000)	3.316*** (0.000)
$Tobin'Q$	-0.048*** (0.005)	-0.052*** (0.002)	-0.050*** (0.003)	-0.079*** (0.000)	-0.080*** (0.000)	-0.079*** (0.000)
BM	0.128** (0.010)	0.136*** (0.006)	0.129*** (0.010)	0.264*** (0.000)	0.268*** (0.000)	0.264*** (0.000)
Top	0.019*** (0.000)	0.018*** (0.000)	0.018*** (0.000)	-0.021*** (0.000)	-0.021*** (0.000)	-0.021*** (0.000)
$Inde$	0.001 (0.988)	-0.001 (0.991)	0.001 (0.989)	-0.061** (0.039)	-0.063** (0.036)	-0.060** (0.042)
STA	-0.453*** (0.000)	-0.450*** (0.000)	-0.453*** (0.000)	0.164*** (0.000)	0.167*** (0.000)	0.163*** (0.000)
Ind	控制	控制	控制	控制	控制	控制
$Year$	控制	控制	控制	控制	控制	控制
C	-3.725*** (0.000)	-3.630*** (0.000)	-3.739*** (0.000)	14.774*** (0.000)	14.835*** (0.000)	14.734*** (0.000)
N	17 220	17 220	17 220	17 220	17 220	17 220
LR	615.52***	632.32***	496.89***	2 021.91***	2 024.95***	1 740.95***

注：***、**、*分别表示在1%、5%、10%统计水平上显著，括号内为 P 值。

综上，企业的生命周期的各个阶段对不同内部人控制下企业的异常派现行为有调节作用。对于在强势和半强势股东控制的企业中，强势股东更愿意在衰退期进行异常高派现；在股东控制的企业中，弱势股东在衰退期进行异常低派现的需求得到加强；在管理者控制的企业中，经理人在衰退期更愿意进行异常低派现。

4.6 稳健性检验

4.6.1 企业内部人控制与异常派现

为了使结果更稳健，本书对企业内部人控制进行重新划分。如图 4 - 1 所示，在区域 A，企业实际控制人控制权低于 20% 时，本书将其划分为股权分散企业；在区域 B，企业实际控制人控制权大于 20%，本书将其划分为股权集中企业，且控股股东控制权与现金流权出现分离；在区域 C，实际控制人的控制权大于 20% 且控股股东的控制权与现金流权没有分离。具体变量含义如表 4 - 10 所示。

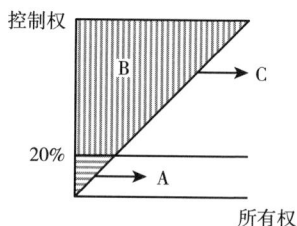

图 4 - 1 内部人控制类型划分

表 4 - 10   变量定义

变量	定 义
Control1	公司内部控制模式变量，若实际控制人的控制权大于 20% 且两权分离，则取值为 1；若控制权大于 20% 且控制权与所有权一致，则取值为 0
Control2	公司内部控制模式变量，若实际控制人的控制权小于 20%，取值为 1，否则为 0

本书通过参考刘孟晖（2011b）、王茂林等（2014）等对股利的衡量方

法，在稳健性检验中用股利支付率指标代替异常高股利和异常低股利变量，并用 Tobit 回归模型进行回归，模型如下所示：

$$AHD = \alpha_0 + \alpha_1 Control_i + \alpha_2 Size + \alpha_3 Lev + \alpha_4 ROA + \alpha_5 Tobin'Q + \alpha_6 BM$$
$$+ \alpha_7 Top + \alpha_8 Inde + \alpha_9 STA + \sum Ind + \sum Year + \varepsilon \qquad (4-11)$$

$$ALD = \alpha_0 + \alpha_1 Control_i + \alpha_2 Size + \alpha_3 Lev + \alpha_4 ROA + \alpha_5 Tobin'Q + \alpha_6 BM$$
$$+ \alpha_7 Top + \alpha_8 Inde + \alpha_9 STA + \sum Ind + \sum Year + \varepsilon \qquad (4-12)$$

其中，$Control_i$（$i=1$、2）是企业控制人模式变量，$Control_1$ 是股权集中的企业；$Control_2$ 是股权分散的企业。结果如表 4-11 所示。

表 4-11　　　　　　　　　稳健性检验（一）

变量	AHD		ALD		股利支付率	
	Logit (1)	Logit (2)	Logit (4)	Logit (5)	Tobit (6)	Tobit (7)
Control1	-0.148 ** (0.013)		0.454 (0.252)		-0.014 * (0.050)	
Control2		-0.176 *** (0.006)		0.253 *** (0.000)		-0.027 *** (0.000)
Size	0.129 *** (0.000)	0.093 *** (0.002)	-0.679 *** (0.000)	-0.668 *** (0.000)	0.031 *** (0.000)	0.027 *** (0.000)
Lev	-1.939 *** (0.000)	-2.043 *** (0.000)	3.198 *** (0.000)	3.310 *** (0.000)	-0.510 *** (0.000)	-0.520 *** (0.000)
Tobin'Q	-0.056 *** (0.003)	-0.051 *** (0.002)	-0.078 *** (0.005)	-0.080 *** (0.000)	-0.013 *** (0.000)	-0.014 *** (0.000)
BM	0.084 * (0.098)	0.131 *** (0.008)	0.297 *** (0.000)	0.267 *** (0.000)	0.017 *** (0.000)	0.023 *** (0.000)
Top	0.014 *** (0.000)	0.018 *** (0.000)	-0.019 *** (0.000)	-0.021 *** (0.000)	0.001 *** (0.000)	0.001 *** (0.000)
Inde	0.024 (0.648)	-0.021 (0.964)	-0.060 ** (0.068)	-0.063 ** (0.033)	0.007 (0.161)	0.068 (0.146)

续表

变量	AHD		ALD		股利支付率	
	Logit （1）	Logit （2）	Logit （4）	Logit （5）	Tobit （6）	Tobit （7）
STA	-0.558 *** （0.000）	-0.451 *** （0.000）	0.211 *** （0.000）	0.166 *** （0.000）	-0.046 *** （0.000）	-0.040 *** （0.000）
Ind	控制	控制	控制	控制	控制	控制
Year	控制	控制	控制	控制	控制	控制
C	-4.166 *** （0.000）	-3.613 *** （0.000）	15.065 *** （0.000）	13.381 *** （0.000）	-0.330 *** （0.000）	-0.253 *** （0.000）
N	13 822	17 220	13 822	17 220	13 825	17 223
LR	457.49 ***	590.96 ***	1 603.27 ***	2 012.23 ***	1 042.18 ***	1 309.83 ***

注：***、**、*分别表示在1%、5%、10%统计水平上显著，括号内为P值。

从表4-11中可以看出在股权集中的情况下，与控制权、所有权一致的企业相比，两权分离的企业不会进行异常高派现。与股权集中的企业相比，股权分散的企业更愿意进行异常低派现。从（6）列和（7）列可以看出，与两权一致的企业相比，两权分离的企业有更低的股利支付率。低股利支付或者不支付股利更能迎合两权分离企业实际控制人的利益。在股权分散企业，企业的内部控制者也更倾向于支付较低的股利，从而更好地操纵企业内部现金流。本书的主要结论没有发生较大变化。

4.6.2　股权质押与异常派现

为了进一步分析大股东进行股权质押后企业的异常派现行为，通过参考谢德仁（2016）等对股权质押的衡量，以大股东是否进行了股权质押为调节变量，若控股股东进行了股权质押则取值为1，否则为0。通过股权质押和内部控制模式的交乘来考虑股权质押对不同内部控制人模式企业的异常派现行为的调节作用。我们假设这种影响是一种线性关系。

$$\alpha_1 = \beta_0 + \beta_1 Pledum \tag{4-13}$$

其中，Pledum 表示企业的股权质押情况，若大股东进行了股权质押则为1，否则为0。将模型（4-13）代入模型（4-11）和模型（4-12）中，得到式（4－14）、式（4－15）：

$$AHD = \alpha_0 + \beta_0 Control_i + \beta_1 Control_i \times Pledum + \alpha_2 Size + \alpha_3 Lev$$
$$+ \alpha_4 ROA + \alpha_5 Tobin'Q + \alpha_6 BM + \alpha_7 Top + \alpha_8 Inde$$
$$+ \alpha_9 STA + \sum Ind + \sum Year + \varepsilon \qquad (4-14)$$

$$ALD = \alpha_0 + \beta_0 Control_i + \beta_1 Control_i \times Pledum + \alpha_2 Size + \alpha_3 Lev$$
$$+ \alpha_4 ROA + \alpha_5 Tobin'Q + \alpha_6 BM + \alpha_7 Top + \alpha_8 Inde$$
$$+ \alpha_9 STA + \sum Ind + \sum Year + \varepsilon \qquad (4-15)$$

结果如表4－12所示。在表4－12中可以看到当企业大股东进行股权质押后，股权集中企业中两权分离的企业不会进行异常高派现，更倾向于进行异常低派现；股权分散的企业在进行股权质押后也更倾向于进行异常低派现而非异常高派现。因此，股权质押能够抑制大股东的异常高派现促使其进行异常低派现，本书的结论没有发生显著变化。

表4－12　　　　　　　　　　稳健性检验（二）

变量	AHD		ALD		股利支付率	
	Logit (1)	Logit (2)	Logit (4)	Logit (5)	Tobit (6)	Tobit (7)
Control1	−0.065 (0.323)		−0.190*** (0.000)		0.002 (0.826)	
Control1 × Pledge_dum	−0.225*** (0.006)		0.677*** (0.000)		−0.045*** (0.000)	
Control2		−0.068 (0.341)		0.072 (0.153)		−0.008*** (0.298)
Control2 × Pledge_dum		−0.377*** (0.004)		0.557*** (0.000)		−0.052*** (0.000)
Size	0.132*** (0.000)	0.096*** (0.002)	−0.692*** (0.000)	−0.674*** (0.000)	0.032*** (0.000)	0.027*** (0.000)
Lev	−1.892*** (0.000)	−2.012*** (0.000)	3.072*** (0.000)	3.268*** (0.000)	−0.500*** (0.000)	−0.517*** (0.000)
Tobin'Q	−0.057*** (0.002)	−0.051*** (0.002)	−0.079*** (0.000)	−0.079** (0.000)	−0.013*** (0.000)	−0.014*** (0.000)

变量	AHD		ALD		股利支付率	
	Logit (1)	Logit (2)	Logit (4)	Logit (5)	Tobit (6)	Tobit (7)
BM	0.084 * (0.098)	0.124 ** (0.012)	0.302 *** (0.000)	0.277 *** (0.000)	0.017 *** (0.001)	0.022 *** (0.00)
Top	0.014 (0.000)	0.018 *** (0.000)	−0.017 *** (0.000)	−0.020 *** (0.000)	0.001 *** (0.004)	0.001 *** (0.000)
Inde	0.022 (0.665)	−0.005 (0.909)	−0.055 * (0.090)	−0.059 ** (0.044)	0.007 (0.167)	0.007 (0.163)
STA	−0.606 *** (0.000)	−0.466 *** (0.000)	0.369 *** (0.000)	0.190 *** (0.000)	−0.056 *** (0.000)	−0.042 *** (0.000)
Ind	控制	控制	控制	控制	控制	控制
Year	控制	控制	控制	控制	控制	控制
C	−4.234 *** (0.000)	−3.663 *** (0.000)	15.326 *** (0.000)	13.381 *** (0.000)	−0.353 *** (0.000)	−0.269 *** (0.001)
N	13 822	17 220	13 822	17 220	13 825	17 223
LR	460.62 ***	594.14 ***	1 619.22 ***	2 037.08 ***	1 044.79 ***	1 334.70 ***

注：***、**、*分别表示在1%、5%、10%统计水平上显著，括号内为P值。

4.6.3 企业的生命周期与异常派现

为了检验不同生命周期下企业的异常派现行为，本书通过参考宋福铁和屈文洲（2010）、罗琦和李辉（2017）对企业生命周期的衡量办法，用企业的留存资产占总资产的比重来衡量企业的生命周期。企业留存资产收益与利润的关系较大，留存资产占总资产的比重也能够衡量企业的发展态势，当企业留存资产收益的占比较小时，企业处于资金注入的初创期；当企业留存资产收益占比较大时，企业处于成熟期，对资金的需求比较少（宋福铁和屈文洲，2010）。因此，在稳健性检验中用企业的留存收益占总资产的比重衡量企业的生命的周期，我们假设这种影响是一种线性关系。具体模型如下所示：

$$\alpha_1 = \beta_0 + \beta_1 RETA \qquad (4-16)$$

将模型（4-16）代入模型（4-11）和模型（4-12）中，得到式（4-17）、式（4-18）：

$$AHD = \alpha_0 + \beta_0 Control_i + \beta_1 Control_i \times RETA + \alpha_2 Size + \alpha_3 Lev$$
$$+ \alpha_4 ROA + \alpha_5 Tobin'Q + \alpha_6 BM + \alpha_7 Top + \alpha_8 Inde$$
$$+ \alpha_9 STA + \sum Ind + \sum Year + \varepsilon \qquad (4-17)$$

$$ALD = \alpha_0 + \beta_0 Control_i + \beta_1 Control_i \times RETA + \alpha_2 Size + \alpha_3 Lev$$
$$+ \alpha_4 ROA + \alpha_5 Tobin'Q + \alpha_6 BM + \alpha_7 Top + \alpha_8 Inde$$
$$+ \alpha_9 STA + \sum Ind + \sum Year + \varepsilon \qquad (4-18)$$

在模型（4-17）和模型（4-18）中，$RETA_i$是企业的留存收益资产比，用企业的留存收益比上企业总资产，衡量企业的生命周期。通过 Logit 模型对上述变量进行检验。

结果如表4-13所示，随着企业留存收益占比的增加，上市公司更倾向于通过异常高派现进行侵占行为。无论是股权分散企业还是股权集中企业都有更高的股利支付率。因此，随着企业发展的成熟、衰退，企业更愿意进行异常派现迎合实际控制人的利益。

表4-13　　　　　　　　　　　稳健性检验（三）

变量	AHD		ALD		股利支付率	
	Logit (1)	Logit (2)	Logit (4)	Logit (5)	Tobit (6)	Tobit (7)
$Control1$	-0.103 *** (0.000)		-0.009 *** (0.000)		-0.189 (0.250)	
$Control1 \times RETA$	2.107 *** (0.000)		-2.948 *** (0.000)		0.301 *** (0.000)	
$Control2$		-0.238 *** (0.001)		-0.025 (0.609)		0.009 (0.236)
$Control2 \times RETA$		0.386 ** (0.031)		-1.819 *** (0.000)		0.234 *** (0.000)
$Size$	0.081 ** (0.018)	0.097 *** (0.002)	-0.622 *** (0.000)	-0.659 *** (0.000)	0.026 *** (0.000)	0.025 *** (0.000)

续表

变量	AHD		ALD		股利支付率	
	Logit (1)	Logit (2)	Logit (4)	Logit (5)	Tobit (6)	Tobit (7)
Lev	-1.764 *** (0.000)	-2.122 *** (0.000)	2.980 *** (0.000)	2.985 *** (0.000)	-0.485 *** (0.000)	-0.481 *** (0.000)
Tobin'Q	-0.071 *** (0.000)	-0.052 *** (0.002)	-0.065 *** (0.000)	-0.086 *** (0.000)	-0.014 *** (0.000)	-0.014 *** (0.000)
BM	0.119 ** (0.020)	0.127 ** (0.010)	0.258 *** (0.000)	0.249 *** (0.000)	0.020 *** (0.000)	0.024 *** (0.000)
Top	0.017 *** (0.000)	0.019 *** (0.000)	-0.022 *** (0.000)	-0.020 *** (0.000)	0.001 *** (0.000)	0.001 *** (0.000)
Inde	0.020 (0.703)	-0.002 (0.969)	-0.057 * (0.085)	-0.063 ** (0.034)	0.007 (0.182)	0.007 (0.164)
STA	-0.594 *** (0.000)	-0.454 *** (0.000)	0.236 *** (0.000)	0.153 *** (0.000)	-0.047 *** (0.000)	-0.040 *** (0.000)
Ind	控制	控制	控制	控制	控制	控制
Year	控制	控制	控制	控制	控制	控制
C	-3.309 *** (0.000)	-3.661 *** (0.000)	14.084 *** (0.000)	14.917 *** (0.000)	-0.246 *** (0.000)	-0.260 *** (0.002)
N	13 822	17 220	13 822	17 220	13 807	17 195
LR	472.65 ***	593.85 ***	1 708.93 ***	2 132.36 ***	1 109.45 ***	1 395.87 ***

注: *** 、 ** 、 * 分别表示在1%、5%、10%统计水平上显著, 括号内为 P 值。

4.7 结 论

公平、合理的股利政策对上市公司的健康发展、证券市场的平稳运行起到极大的作用, 但在我国的证券市场上, "现金股利之谜"一直存在。上市公司的现金股利水平普遍偏低, 进行异常低派现的企业占到总样本数的一半以上, 同时还有部分企业进行超额派现。我们的股票市场还未形成一个规范、完善的股利分配体制。通过对我国上市公司异常现金分红行为的分析, 发现: (1) 在强势和半强势股东控制的企业中, 强势股东会进行异常高派现来迎合自己的利益。(2) 在强势、半强势以及弱势股东控制的企业中,相比强势和半强势股东来说,弱势股东不会进行异常高派现,更愿意进行异常低派现,异常低派现更能够迎合弱势股东的利益。(3) 在全样本中,与股东控制的企业相比,管理者控制的企业不会进行异常高派现,更愿意进行异常低派现,异常低派现更能够迎合管理者的利益。本书在进一步分析了大股东在进行股权质押后上市公司的异常派现行为,发现弱势股东和管理者在进行了股权质押后进行异常低派现的意愿更强烈。随着股权质押比例的上升,为了避免控制权转移的风险,股东更愿意进行异常低派现。企业发展的不同生命周期阶段也会进行不同的异常派现行为来迎合企业控制人的利益。在企业的成长期和成熟期,为了企业的稳定发展,上市公司不会进行异常高派现和异常低派现;到了企业的衰退期,企业的实际控制人为了自己的利益会进行异常高派现也会进行异常低派现。强势和半强势股东控制的企业,在企业的成长期和成熟期能够抑制强势股东的异常高派现行为;而在企业的衰退期强势股东控制的企业会加强其异常高派现行为,也会进行异常低派现来迎合自己的利益。弱势股东在企业的成长期和成熟期不愿意进行异常高派现,同时也会抑制企业的异常低派现行为。在衰退期,弱势股东与异常高派现之间的负向关系得到抑制,弱势股东与异常低派现之间的正向关系得到加强。在管理者控制的企业中,成长期和成熟期能够加强管理者与异常高派现之间的负向关系,也会抑制管理者的异常低派现行为。在衰退期,管理者与异常低派现之间的正向关系得到加强,管理者与异常高派现之间的负向关系得到抑制。

　　基于以上分析,本书提出以下几点建议:

　　(1) 加强对股权高度集中企业的监管。当上市公司的股权过于集中时,如强势和半强势股东,可能会通过异常高派现进行掏空行为,侵占上市公司以及中小股东的利益,因此对这部分企业要加强监管,完善公司治理机制,约束大股东的自利行为,使公司股利与企业的长期发展规划协调 (刘孟晖,2011)。

　　(2) 制定相关政策,促使股利合理发放。弱势股东控制的企业占样本量的绝大部分,相比强势股东控制的企业,这类企业更倾向于少发股利。证监会已经提出半强制分红政策以及差异化的分红政策,但这并没有减少我们上市企业中"铁公鸡"所占的比重,反而使有融资需求的高成长性公司陷入了现金流短缺的困境（杨宝等，2017）。因此，对于占样本量绝大多数的弱势股东控制的企业应该如何进行股利分配，如何抑制这类企业的异常低派现，促使其进行正常派现，以迎合中小股东以及外部投资者的利益是接下来要考虑的问题。

（3）加强对衰退期企业的监管和引导。从企业生命周期的角度来看，处于衰退期的企业更倾向于进行异常派现来对企业进行利益侵占。因此，监管当局要对处于衰退期企业的异常股利分配行为进行监管，同时，加强对衰退期企业的引导，促使其开始新的发展。

| 5 |
异常派现与非效率投资的迎合激励检验

5.1 引 言

现代财务理论认为，上市公司的投资决策是最重要的，而融资决策和股利决策处于从属地位（Bhaduri and Durai，2006），应当为投资决策服务。但从现有研究的成果来看，投资决策与股利决策之间的从属关系并不明显，从投资与股利分配相互制约（Rozeff，1982）的角度出发，更多研究认为两者存在一定的因果关系（Kalay，1982；王茂林等，2014），但因果关系的方向却存在争议。部分学者从委托代理理论出发，认为两权分离下的管理者有动力通过非效率投资获取私人收益（Wu and Wang，2004），而现金股利的分配，能够减少管理者可掌控的经济资源（Jesen，1986），起到抑制非效率投资，尤其是抑制过度投资的作用（徐寿福等，2016）。还有学者认为，正是由于代理冲突引发了非效率投资，公司的经济资源被配置到低效的投资项目中（Jensen and Meckling，1976）或被管理者以其他方式控制，导致可供分配的经济资源不足，削弱了上市公司的派现能力（徐寿福，2016），最终引发了低股利甚至是"股利消失"的问题。还有学者认为，上市公司的投资与派现之间并不存在因果关系，现金分红增加的同时，上市公司的过度投资水平不见得下降（陈艳等，2015），也可能增加（Gugler，2003）。

上述对于投资与股利关系的讨论大多是基于股权分散的情况，管理者作为上市公司的主要决策者进行的。而中国上市公司的股权相对集中，实际控制人对上市公司的经营活动有较高的参与度，对上市公司的经营和财务决策有重大影响（靳庆鲁等，2015），甚至可以直接制定相关决策。不少学者以中国实际情况为背景，对上市公司的投资和股利分配展开了讨论。大多数学者认同，实际控制人，尤其是存在两权分离的实际控制人，具有掏空上市公司的天然属性，能够通过自身对上市公司的控制力，作出侵占中小股东和债权人的行为（Rozeff，1982），从而获得超出其所有权的控制权收益，而其可用的掏空手段往往隐匿在投资和派现决策中（罗琦和伍敬侗，2017）。一方面，实际控制人通过金字塔层级、交叉持股等复杂股权结构的构建实现了对上市公司的隐性控制（Lins，2003），有倾向将更多的经济资源保留在上市公司内部，通过非效率投资（Wu and Wang，2005）、关联交易（程仲鸣，2011）等方式消耗和转移经济资源，并在此过程中获取私人收益；另一方面，由于实际控制人相比于其他股东，持有相对更高的股权，因此，有动力通过加大派现的方式，通过获取看似合理合法的所有权收益，将派现异化为侵占手段以转移上市公司的经济资源（强国令，2014；唐清泉和罗党论，2006），尤其是在关联交易、过度投资等问题被监管机构和中小投资者日渐识别和监控的情况下。此外，实际控制人还可能通过发放一定水平（较低）的现金股利，作为掩盖其他利己主义行为的"遮羞布"（Thanatawee，2013；罗琦和伍敬侗，2017）。

无论是非效率投资还是异常派现都可能是掌权的实际控制人或者管理者的自利手段，而上市公司在一定时期内可供支配的经济资源是有限的，投资行为和派现行为都是对现有经济资源的分配，因此，就资源的配置方向来看，两者具有天然的竞争关系（Ramalingegowda et al.，2013）。因而无论是股权相对集中下的实际控制人还是股权相对分散下的管理者，在有限的经济资源下，所能采取的自利手段组合也是有限的。由于管理者持有上市公司的股权较低，掌权的管理者有倾向通过过度投资构建商业帝国、追求更高薪酬和私利（Jensen，1986），而这可能需要采用低派现甚至不派现的经济决策作为配合；当管理者的风险规避性较高，不愿意承担投资带来的风险时（Myers，1984），也可能采用投资不足的方式获取闲暇等享受（Aggarwal，2006），则其有动力通过高派现的方式来讨好股东，转移其在投资方面的不作为受到的关注和质疑。同样，当实际控制人选择通过过度投资的方式控制和转移上市公司资源以获取私利时，就很难同时采用高派现的方式进行再次的资源转移；当实际控制人更倾向于通过高派现的方式获取所有权收益时，那么可用于投资的经济资源随之减少，则更可能采用投资不足的决策作为配合。可见，上市公司的决策主体不同时，可能采取不同的决策组合满足自身利益诉求。当上市公司处于不同的控制模式时，掌权的内部人（实际控制人或管理者）是否会在非效率投资和异常派现之间进行相机抉择，以最利己的投资和股利决策组合来满足自身的利益诉求呢？对于这一问题的探讨有助于进一步找到投资决策和股利决策之间关系的内在驱动力。

本书可能的贡献如下：①现有文献对于投资与派现关系的讨论主要停留在正常派现与非效率投资的关系，而本书则进一步关注异常派现与非效率投资的关系，有助于丰富投资与派现关系的文献。②现有文献对于非效率投资与派现关系的讨论更多基于因果关系，而本书则发现非效率投资与异常派现作为内部人的侵占手段，存在一定的替换效应。③本书对上市公司控制模式对投资和派现决策影响的研究，能够实现对控制权配置模式经济后果研究的增量贡献。

5.2　理论分析与研究假设

5.2.1　绝对掌权的实际控制人相机抉择

当上市公司的股权集中度较高时，实际控制人能够通过隐性和非隐性的控制链条实现对上市公司进行控制（Lins，2003），通过影响甚至直接制定符合自身利益的相应决策（程仲鸣，2011），获得所有权收益和控制权收益，而控制人最热衷参与制定的决策当属投资决策和派现决策（Johnson，2000）。从投资决策来看，当实际控制人的所有权和控制权都比较高（均超过50%），进而形成强式股东控制模式时（刘孟晖，2011），上市公司高水平的投资活动并不符合实际控制人的利益诉求。首先，在选择和甄别投资项目时，实际控制人尽力收集相关信息并运用到投资决策中，确实有利于改善投资决策，提高投资效率（Zhang et al.，1998），但投资项目最终获得的回报却要与其他未付出任何努力的中小投资者和债权人共享（Myers，1977），也即成全中小投资者的"搭便车"行为。此时，实际控制人在投资活动中付出私人成本与从投资回报中分得的投资收益存在成本效益的不配比，因此，理性的实际控制人可能会要求公司降低投资水平。其次，高水平的投资活动意味着上市公司需要承担更高的投资风险与资金流回收的不确定性，实际控制人较高的所有权使其在投资活动中承担较多的投资风险，一旦投资失败，其财富将遭受较大损失，此时，实际控制人的风险承担成本与风险承担收益之间也会存在不配比，实际控制人的风险规避倾向（Zhang et al.，1998；杨慧辉等，2016）使其较难接受投资项目的风险以及可能引发的经营风险，促使其要求公司降低投资水平。最后，投资活动较低的可逆性，使资金一旦投入到项目中，后续的资金回流主要取决于项目的进展情况和收益情况，项目停止和放弃成本较高，实际控制人更倾向于将经济资源以流动资产的方式保留在公司内部（罗琦和王寅，2010），以便后续通过关联交易、分红等手段进行资产转移以获得控制权收益（Johnson et al.，2000），因而实际控制人可能会要求公司降低投资水平。

从派现决策来看，当实际控制人的所有权和控制权都比较高（均超过50%），进而形成强式股东控制模式时（刘孟晖，2011），上市公司高水平的派现活动比较符合实际控制人的利益诉求。首先，强式股东控制模式下实际控制人能够依据较高的所有权，以合理合法的方式获取较高比例的分红收益，实现经济资源从上市公司到实际控制人个人的转移（Lee and Xiao，2003），进而完成实际控制人对上市公司经济资源的私有化（Lambrecht and Myers，2017），因此，实际控制人可能会要求公司提高派现水平。其次，由于中国上市公司长期存在不派现或低派现的"铁公鸡"现象（魏志华等，2014），上市公司的分红行为往往容易得到中小投资者的青睐，有利于吸引投资者的关注，长期来看有助于股票价格的提高（Jensen，1986），能够向市场传达经营状况良好的消息（Bhattacharya，1979），进而提升实际控制人所持股权的市场价值，实现实际控制人个人财富增加，因此，实际控制人有激励要求公司提高派现水平。此外，由于证监会将上市公司的权益融资条件与上市公司的现金分红水平直接挂钩，上市公司公开发行证券应符合最近三年以现金方式累计分配的利润不少于最近三年实现的年均可分配利润的30%。上市公司高水平的派现活动，有助于获得权益融资资格，帮助实际控制人在以后期间通过权益融资平台获得外部资金，顺利进行"圈钱"活动（孔东民和冯曦，2012），因此，实际控制人可能促使公司提高派现水平。

综合来看，当实际控制人的所有权和控制权都比较高时，降低上市公司的投资水平能够削弱投资项目对于经济资源的占用，迎合实际控制人的流动资产偏好，减少实际控制人承担的投资风险。而提高上市公司的派现水平能够实现经济资源的正当转移，提高实际控制人对上市公司资源的私有化程度，有利于日后进行权益融资。此外，高投资水平更可能使经济资源浪费在无效的项目中，对于公司利益的损害更大，所有权较高的实际控制人会避免这种情况的出现。而高派现只是将经济资源转移给股东，除了可能造成投资不足外（王茂林等，2014），并不会对公司利益造成更大的损害，且在公司需要时能够利用分红所得进行二次投资起到扶持作用，这更符合实际控制人的利益诉求和行事方式。据此，本书提出如下研究假设：

假设 5-1：在强式股东控制模式下，上市公司更可能采用非效率低投资和异常高派现的决策组合来迎合实际控制人的利益诉求。

5.2.2 绝对掌权的管理者相机抉择

在股权比较分散的情况下，较低的持股比例使得股东参与公司日常经营管理，监督管理者经营和财务决策的动力不足，管理者往往是上市公司的决策方（Coase，1937），拥有经济资源的配置权力（王茂林等，2014），且有强烈的动机控制更多经济资源，通过作出利己的投资和派现决策获取私人收益。从投资决策来看，上市公司高水平的投资活动较符合管理者的利益诉求。首先，代理冲突的存在（Jensen，1986）以及管理者较低的持股比例（吕长江和赵宇恒，2008），使不满足于薪酬收入的管理者有动机采取自利行为。管理者的自利行为往往需要借助更多的投资活动以把控经济资源（Richardson，2006），并在此过程中获得私人收益，如更多的津贴补助及寻租收益（卢锐，2008）以及扩张过程中薪酬的提升等，因此，管理者会可能促使公司提高投资水平。其次，大多数上市公司将管理者的薪酬等经济收入以及职业晋升与公司业绩直接挂钩（Defond，2004），当公司业绩表现较差时，管理者的薪酬收入降低的同时，还可能面临被替换的风险（Gilson，2006），直接影响管理者的个人声誉。而投资活动本身的风险特征，能够使管理者在公司业绩表现不突出时，将一部分责任归咎于投资活动风险以及投资环境的变化等客观因素，从而为自身逃脱股东的质疑和指责找到借口，稳定自身的薪酬和职务，因此，管理者会可能促使公司进行高投资。最后，管理者往往有建立商业帝国的倾向（Jesen，1986），通过管理更大规模的公司得到更高的薪酬收入并获得更好的职业声誉以及更高的社会地位等，而商业帝国的建立则主要依靠上市公司的投资兼并活动来完成，因此，管理者会促使公司提高投资水平。

从派现决策来看，上市公司进行高水平的现金分红不符合管理者的利益诉求。首先，由于上市公司内部拥有的经济资源是有限的，有限的经济资源在投资与派现之间的配置具有此消彼长的特性（Denis et al.，2010），当上市公司进行高水平的现金分红时，可用于投资活动的经济资源就显著减少了，而管理者的自利行为往往要通过提高投资水平来实现（Richardson，2006）。从经济资源的挤占角度（徐寿福，2016）来看，高水平的现金分红会阻碍管理者通过进行较多的投资活动，进而不利于管理者自利行为（Salas，2006），因而管理者可能促使公司降低派现水平。其次，上市公司一般动用留存收益进行现金分红（De Angelo et al.，2006），相比于其他经济资源，留存收益没有特定的用途，不存在像投资项目资金改变用途时需要向利益相关者提交相关说明等要求，管理者在使用该类资源时所受的限制也较少，属于可用于自利行为的优质经济资源。高水平的现金分红不仅减少了管理者掌控的经济资源，还使自由支配程度较高的经济资源严重外流，这会促使管理者阻碍上市公司的分红。最后，由于上市公司的日常经营运转需要保持一定的财务弹性（王志强和张玮婷，2012），高水平现金分红后上市公司可能会进行外部融资，以满足经营活动和投资活动的需要。中国市场中权益和债券融资的条件较为苛刻，且手续烦琐复杂（王彦超，2014），有一般融资需求的上市公司往往会选择从银行等金融机构中申请长短期债务。出于对债务资金安全性的考虑，债权人有动力对上市公司的经营情况进行一定的监督（Rajan，1992），这意味着高水平现金分红会增加上市公司对外举债的可能，进而使管理者面对更多来自债权人监督（Easterbrook，1984），不利于管理者采取利己主义行为。因此，从避免过多外部监督的角度来看，管理者会要求公司降低分红。综合来看，当上市公司的股权比较分散，由管理者掌控公司的内部决策权力时，提高上市公司的投资水平，进行更多的投资项目，能够为管理者创造更多获取私人收益的机会，而降低上市公司的派现水平，能够将更多可自由支配的资源保留在公司内部，便于管理者的利己行为，一定程度上也能减小被债权人监督的力度。据此，本书提出如下研究假设：

假设 5-2：在强式管理者控制的模式下，上市公司更可能采用非效率高投资和异常低派现的决策组合来迎合管理者的利益诉求。

5.2.3 所有权下降及两权分离下实际控制人的相机抉择

相比于实际控制人所有权和控制权均较高（超过50%）和均较低（低于20%）的股权配置情况，更多上市公司处于两种配置中间，实际控制人通过金字塔结构、交叉持股等股权构建手段，以较低的所有权和较高的控制权控制上市公司（La Porta，1999），进而成半强式股东控制模式（控制权高于50%，所有权高于20%但低于50%）和弱式股东控制模式（控制权高于20%且低于50%，所有权低于20%）。在这两种控制模式下，实际控制人所有权和控制权的分离程度较高，且所有权和控制权处于不同的比例区间内，这可能会影响实际控制人实现个人财富最大化的实现方式，进而促使实际控制人通过制定符合自身所有权和控制权特点的公司决策，获得最优的所有权收益和控制权收益。

当实际控制人的控制权较高，所有权处于稍低的股份区间，进而形成半强式或弱式股东控制时，两权分离度的增加意味着实际控制人与上市公司的"利益协同效应"会减弱（Wu and Wang，2004），而与上市公司的"堑壕效应"则会增加（Johnson，2000），这可能会改变实际控制人在投资决策和派现决策方面的偏好。从投资决策来看，当控制权相对较高时，所有权的下降会一定程度上弱化甚至逆转实际控制人对于上市公司低投资水平的偏好。实际控制人的风险规避倾向是造成实际控制人厌恶投资活动的主要原因之一，而实际控制人的风险规避倾向主要是由高比例所有权特质决定的。高比例的所有权意味着实际控制人所承担的风险既无法通过多元化的投资组合得到降低，也不能通过分散投资得到降低（杨慧辉等，2016），但是当实际控制人的所有权比例下降时，其基于所有权承担的上市公司的投资风险随之下降，实际控制人对于上市公司投资活动的接受程度也就会增加，最终表现为风险规避倾向的弱化。因此，较低比例的所有权会促使实际控制人接受高水平投资。此外，所有权下降引致两权分离度的增加，具有掏空属性，实际控制人（Johnson，2000；冉茂盛和李文洲，2015）有强烈动机和足够的能力利用自身对上市公司的控制权，制定符合自身利益诉求的公司政策，从而获得超出所有权收益的控制权收益，此时，实际控制人的决策目标不再是股东利益最大化，而是私人收益最大化（Aggarwal and Samwick，2006）。而上市公司的过度投资行为是实际控制人获取控制权收益的主要途径之一（Albuquerue and Wang, 2009；杜建华，2014），因此，较低比例的所有权会促使实际控制人从事高水平的投资活动。从派现策略来看，当实际控制人的控制权较高，所有权的下降会一定程度上弱化甚至逆转实际控制人对于高水平派现的偏好。实际控制人对于高水平派现活动的偏好主要源于现金分红为其带来的所有权收益，当所有权下降时，同样金额的现金分红中最终流向实际控制人的金额会随所有权的下降而下降，更高比例的现金分红流向了中小股东，这不符合实际控制人促使上市公司进行高水平派现的初衷。因此，较低比例的所有权会促使实际控制人降低派现水平。此外，追求私人收益最大化的实际控制人会不断衡量自身从上市公司得到的所有权收益和控制权收益，尽力追求两者之和的最大化。当所有权下降时，高派现活动使经济资源流出上市公司，同时，实际控制人通过派现活动将其控制的经济资源转移给自身的能力也下降了，这会促使实际控制人通过包括过度投资（俞红海等，2010）、关联交易（程仲鸣，2011）等其他侵占方式将上市公司的经济资源私有化。因此，较低比例的所有权会促使实际控制人降低派现水平。最后，由于上市公司经济资源的有限性，实际控制人在配置和转移经济资源时很难做到面面俱到，投资活动与派现活动在经济资源配置方面的竞争性关系，使实际控制人必须在两者之间作出一定的抉择。由于所有权的下降，派现活动既降低了实际控制人的所有权收益，也降低了实际控制人通过派现将经济资源私有化的能力，实际控制人更可能将原本用于派现的经济资源转而用到投资项目中去，因此，较低比例的所有权可能会促使实际控制人从高派现活动向高投资活动的转变，促使实际控制人在两者之间的相机抉择。

综合来看，无论是对投资活动的偏好抑或是对派现活动的偏好，实际控制人的最终目的都是把控更多的经济资源，获取更多的经济利益，无论这种收益是合规的派现所得还是掏空活动所得。当实际控制人依然能够对上市公司形成控制的情况下，随着所有权比例的下降，高水平派现活动满足实际控制人私有化经济资源的作用会逐渐下降，而高水平投资活动满足实际控制人把持和转移经济资源的作用会逐渐上升，所有权比例下降的程度越严重，实际控制人从高派现转向高投资的意愿会越强烈。据此，本书提出如下两个研究假设：

假设 5 - 3：相比于强式股东控制，弱式股东控制的上市公司，会通过较低的派现水平和较高的投资水平来迎合实际控制人的利益诉求。

假设 5 - 4：相比于强式和半强式股东控制，弱式股东控制的上市公司，会通过更低的派现水平和更高的投资水平来迎合实际控制人的利益诉求。

5.3　研究设计

5.3.1　数据来源与样本筛选

由于 2008 年的金融危机以及 2009 年的次贷危机对中国市场带来了较大冲击，在此期间，上市公司的投资活动和派现活动所受宏观经济因素的影响较大，为了排除上述冲击对本书研究的干扰，本书选取 2010～2017 年沪深股市的 A 股上市公司为初始样本，在剔除金融保险类、ST 公司、上市不足 1 年、在 B 股、H 股交叉上市以及其他关键财务数据残缺的样本后，得到 17 871 个年度样本公司。考虑在测算上市公司的非效率投资时，需要前一年公司的数据，本书实际收集并使用的数据年份是 2009～2017 年，数据来自 CSMAR 数据库，数据整理和相关回归均利用 STAT15 完成。为了避免极端值的影响，本书对所有连续变量数据进行了上下 1% 的缩尾处理。样本的分年度数量分布及各控制模式的分年度数量分布如表 5 - 1 所示。

表 5 - 1　　　　　　　　　　　分年度样本分布

年份	总样本数	强式股东控制	半强式股东控制	弱式股东控制	管理者控制	民企质押样本数
2010	1 454	208	96	846	304	194
2011	1 774	258	125	1 006	385	237
2012	2 052	302	153	1 152	445	452
2013	2 169	322	148	1 210	489	651
2014	2 083	284	133	1 157	509	710
2015	2 102	265	126	1 213	498	815
2016	2 314	269	143	1 335	567	970
2017	2 556	279	163	1 483	631	4 029
合计	17 871	2 378	1 185	10 198	4 110	

5.3.2　变量衡量

（1）对于被解释变量的衡量，本书分为对非效率投资的衡量和对异常派现的衡量。

对异常派现行为的衡量，本书参考刘孟晖（2015）的研究，分别从派现水平是否超出了上市公司的盈利能力以及派现水平是否超出了上市公司的经营现金流入能力这两个方面进行定义。当上市公司当年支付的每股现金股利达到或超过了0.1元，且满足条件：每股现金股利超过每股收益和每股现金股利超过每股经营活动现金流量，如上两个条件中的任意一个，则将该上市公司的派现行为定义为异常高派现，用 AHD 表示。同样地，当上市公司当年未支付现金股利或当年支付的每股现金股利小于0.1元，且股利分派率低于100%，则将该上市公司的派现行为定义为异常低派现，用 ALD 表示。显然，异常高派现变量和异常低派现变量都是哑变量。

对于非效率投资的衡量，本书结合理查德森（2006）的研究，使用模型（5-1）估计公司在 t 年的预期投资水平。

$$Inv_t = \beta_0 Inv_{t-1} + \beta_2 Cash_{t-1} + \beta_3 Tobin'Q_{t-1} + \beta_4 Age_{t-1} + \beta_5 Leverage_{t-1}$$
$$+ \beta_6 Size_{t-1} + \beta_7 Eps_{t-1} + \sum Indus + \sum Year + \varepsilon \qquad (5-1)$$

其中，Inv_t 表示公司在 t 年的新增投资额，Inv_{t-1}、$Cash_{t-1}$、$Tobin'Q_{t-1}$、Age_{t-1}、$Leverage_{t-1}$、$Size_{t-1}$、EPS_{t-1} 分别表示公司在 t-1 年的新增投资额、期末现金及现金等价物、托宾 q 值、资产负债率、公司规模和每股收益，同时在模型中加入行业虚拟变量和年度虚拟变量以控制行业和年份的影响。

通过回归模型（5-1），可以得到公司在 t 年的预期投资水平（见表5-2），公司在 t 年实际新增投资与 t 年的预期投资之间的差额，即模型（5-1）的残差即为公司在 t 年的非理性投资。

借鉴理查德森（2006）的划分方法，若企业的方程（5-1）回归残差为正，则该公司的投资行为符合非效率过度投资（OInv），过度投资额为残差值；若企业的方程（5-1）回归残差为负，则该公司的投资行为符合非效率投资不足（UInv），投资不足额为残差得绝对值。

表 5-2   预期投资的回归结果

变量	$Invit$	P 值
$Invit_{t-1}$	0.4530 ***	0.0000
$Cash_{t-1}$	0.0160 ***	0.0000
$Tobin'Q_{t-1}$	0.0002	0.6805
Age_{t-1}	-0.0004 ***	0.0000)
$Leverage_{t-1}$	-0.0081 **	0.0468
$Size_{t-1}$	0.0003	0.5341
Eps_{t-1}	0.0085 ***	0.0000
$Constant$	0.0255 **	0.0202
$Indus$	控制	
$Year$	控制	
N	17 871	
$Adj. R^2$	0.3477	

注：***、**、* 分别表示在 1%、5%、10% 统计水平上显著。

（2）对于解释变量的衡量，本书参考刘孟晖（2012）的研究，根据实际控制人所有权比例和控制权比例所处不同的比例区间，将上市公司的控制模式分为四种：强式股东控制、半强式股东控制、弱式股东控制和管理者控制。当实际控制人的控制权比例（VR）和所有权比例（CFR）均高于 50% 时，该控制模式属于强式股东控制；当实际控制人的控制权比例（VR）高于 50%，且所有权比例（CFR）高于 20% 但低于 50% 时，该控制模式属于半强式股东控制；当实际控制人的控制权比例（VR）高于 20% 但低于 50%，且所有权比例（CFR）低于 20% 时，该控制模式属于弱式股东控制；当实际控制人的控制权比例（VR）和所有权比例（CFR）均低于 20% 时，该控制模式属于管理者控制。

$$强式股东控制 = \begin{cases} VR \geq 50\% \\ CFR \geq 50\% \end{cases} \qquad 半强式股东控制 = \begin{cases} VR \geq 50\% \\ 50\% > CFR \geq 20\% \end{cases}$$

$$弱式股东控制 = \begin{cases} 50\% > VR \geq 20\% \\ CFR < 20\% \end{cases} \qquad 经理层控制 = \begin{cases} VR < 20\% \\ CFR < 20\% \end{cases}$$

（3）对于控制变量的选择，借鉴以往研究，本书以公司规模（size）、资产负债率（leve）、公司成长性（tobin'Q）、盈利状况（roa）以及现金持有水平（cash）和自由现金流（fcf）作为控制变量，以控制公司基本特征。

5.3.3 回归模型与方法

为了检验假设 5-1，本书构建以下模型进行回归分析：

$$AHD/ALD = \alpha_0 + \alpha_1 CM_A + \alpha_2 Size + \alpha_3 Leve + \alpha_4 Tobin'Q$$
$$+ \alpha_5 Roa + \alpha_6 Cash + \varepsilon \qquad (5-2)$$

$$OInv/UInv = \alpha_0 + \alpha_1 CM_A + \alpha_2 Size + \alpha_3 Leve + \alpha_4 Tobin'Q$$
$$+ \alpha_5 Roa + \alpha_6 Cash + \alpha_7 Fcf + \varepsilon \qquad (5-3)$$

为了检验假设 5-2，本书构建以下模型进行回归分析：

$$AHD/ALD = \alpha_0 + \alpha_1 CM_D + \alpha_2 Size + \alpha_3 Leve + \alpha_4 Tobin'Q$$
$$+ \alpha_5 Roa + \alpha_6 Cash + \varepsilon \qquad (5-4)$$

$$OInv/UInv = \alpha_0 + \alpha_1 CM_D + \alpha_2 Size + \alpha_3 Leve + \alpha_4 Tobin'Q$$
$$+ \alpha_5 Roa + \alpha_6 Cash + \alpha_7 Fcf + \varepsilon \qquad (5-5)$$

为了检验假设 5-3，本书构建以下模型进行回归分析：

$$AHD/ALD = \alpha_0 + \alpha_1 CM_B + \alpha_2 Size + \alpha_3 Leve + \alpha_4 Tobin'Q$$
$$+ \alpha_5 Roa + \alpha_6 Cash + \varepsilon \qquad (5-6)$$

$$OInv/UInv = \alpha_0 + \alpha_1 CM_B + \alpha_2 Size + \alpha_3 Leve + \alpha_4 Tobin'Q$$
$$+ \alpha_5 Roa + \alpha_6 Cash + \alpha_7 Fcf + \varepsilon \qquad (5-7)$$

为了检验假设 5-4，本书构建以下模型进行回归分析：

$$AHD/ALD = \alpha_0 + \alpha_1 CM_C + \alpha_2 Size + \alpha_3 Leve + \alpha_4 Tobin'Q$$
$$+ \alpha_5 Roa + \alpha_6 Cash + \varepsilon \qquad (5-8)$$

$$OInv/UInv = \alpha_0 + \alpha_1 CM_C + \alpha_2 Size + \alpha_3 Leve + \alpha_4 Tobin'Q$$
$$+ \alpha_5 Roa + \alpha_6 Cash + \alpha_7 Fcf + \varepsilon \qquad (5-9)$$

模型（5-2）~模型（5-9）中，因变量分别为公司的异常派现哑变量和非效率投资变量，其中异常派现包括异常高派现（AHD）和异常低派现

（ALD），非效率投资则包括非效率过度投资（OInv）和非效率投资不足（UInv）。自变量和其他变量的具体定义和计算如表5-3所示。

表5-3　　　　　　　　　　　　　变量定义

变量名	定义及计算
AHD	异常高派现，①每股现金股利≥0.1元；②每股现金股利大于每股收益；③每股现金利大于每股经营活动现金流量；若公司当年分红情况满足条件①且满足条件②和③中的任意一个，则 AHD=1；否则 AHD=0
ALD	异常低派现，①每股现金股利<0.1元；②股利分派率<100%；若公司当年分红情况同时满足条件①和条件②，则 ALD=1；否则 ALD=0
OInv	非效率过度投资，若模型（1）的残差大于0，则取残差值，否则取0
UInv	非理性过度投资额，若模型（1）中残差小于0，则取残差的绝对值，否则取0
CM_A	控制模式哑变量，若公司属于强式股东控制，则 CM_A 取1，否则 CM_A 取0
CM_B	控制模式哑变量，若公司属于半强式股东控制，则 CM_B 取1，若公司属于强式股东控制，则 CM_B 取0
CM_C	控制模式哑变量，若公司属于弱式股东控制，则 CM_C 取1，若公司属于强式股东控制或者半强式股东控制，则 CM_C 取0
CM_D	控制模式哑变量，若公司属于管理者控制，则 CM_D 取1，否则 CM_D 取0
Size	企业规模，等于企业年末总资产的自然对数
Leve	资产负债率，等于企业年末的总负债与总资产的比值
Tobin'Q	托宾Q值，等于期末公司市值与总资产的比值
Roa	总资产报酬率，等于企业年度净利润与期末总资产的比值
Cash	现金持有量，等于企业年末现金及其等价物与期末总资产的比值
Fcf	企业自由现金流，等于息前税后利润＋折旧与摊销－营运资金增加－资本支出＝息税前利润（1－所得税率）＋折旧与摊销－营运资金增加－购建固定无形和长期资产支付的现金
Inshold	机构投资者持股比例，等于期末机构投资者持有上市公司股数与总股数的比值
Indus	行业虚拟变量，行业按证监会的分类标准，共有19个
Year	年度虚拟变量，控制不同年份宏观经济因素的影响

5.4 实证结果

5.4.1 描述性统计

表 5-4 列示了文中主要变量的描述性统计结果。从表内数据可以看到，异常高派现哑变量（AHD）的均值为 0.078，而异常低派现哑变量（ALD）的均值为 0.683，这表明大约有 7.8% 的上市公司进行了异常高派现，而有 68.3% 的上市公司派现活动属于异常低派现，该结果与以往的研究较为契合，中国上市公司整体派现水平较低，"铁公鸡"现象依然普遍存在。非效率过度投资和投资不足的均值为 0.015，说明上市公司的非理性投资额总计约占 3%，过度投资和投资不足的公司数基本相当，但投资不足的第三四分位数及最大值都明显高于过度投资对应的值，这说明相比于过度投资，中国上市公司的投资不足程度更高。其他变量的分布均在合理范围。

表 5-4 描述性统计

变量	样本数	均值	最小值	第一四分位数	第三四分位数	最大值	标准差
AHD	17 900	0.078	0.000	0.000	0.000	1.000	0.268
ALD	17 900	0.683	0.000	0.000	1.000	1.000	0.465
OvInv	17 900	0.015	0.000	0.000	0.012	0.712	0.039
UnInv	17 900	0.015	0.000	0.000	0.023	1.391	0.028
Size	17 900	21.970	18.950	21.110	22.690	26.530	1.219
Leve	17 900	0.446	0.051	0.269	0.609	1.374	0.224
Tobin' Q	17 900	2.327	0.177	0.985	2.949	11.920	2.063
Cash	17 900	0.167	0.000	0.073	0.219	0.936	0.135
Fcf	17 900	-0.036	-2.814	-0.079	0.007	0.865	0.086
Inshold	17 900	0.001	0.000	0.000	0.000	0.070	0.004

5.4.2　均值差异检验

表 5 - 5 列示了不同控制模式下的上市公司主要变量差异检验。以 CM_A 是否为 1，将上市公司分为强式股东控制组和其他控制模式组，均值差异检验结果发现，相比于其他控制模式，强式股东控制模式下上市公司的异常高派现均值和非效率过度投资额显著更高，异常低派现均值显著更低，非效率投资不足额更高，但在统计意义上不显著，实际控制人偏向高派现低投资的策略。该检验结果初步证明了本书假设 5 - 1。以 CM_D 是否为 1，将上市公司分为管理者控制组和股东控制组，均值差异检验结果发现，相比于股东控制，管理者控制模式下上市公司的异常高派现均值显著更低，异常低派现均值显著更高，而非效率投资在两组之间不存在显著差异，管理者偏向低派现策略。该检验结果初步证明了本书假设 5 - 2 的一部分。以 CM_B 是否为 1，将上市公司分为半强制股东控制组和强式股东控制组，均值差异检验结果发现，相比于强式股东控制，半强式股东控制模式下上市公司的异常低派现均值显著更高，非效率过度投资额显著更高，非效率投资不足额显著更低，而异常高派现均值在两组之间不存在显著差异，实际控制人偏向高投资低派现策略。该检验结果初步证明了本书假设 5 - 3。以 CM_D 是否为 1，将上市公司分为弱式股东控制组和强式及半强式股东控制组，均值差异检验结果发现，相比于强式及半强式股东控制，弱式股东控制模式下上市公司的异常高派现均值显著更低，异常低派现均值显著更高，实际控制人更偏向低派现策略，而非效率投资额在两组之间没有显著差异。该检验结果部分证明了本书假设 5 - 3。限于篇幅，其他变量的均值差异检验结果不再列示。

表 5 - 5　　　　　不同控制模式的上市公司主要变量差异检验

变量	$CM_A = 1$		$CM_A = 0$		Mean - Diff
	N	Mean	N	Mean	
AHD	2 378	0.0980	15 493	0.0740	0.023 ***
ALD	2 378	0.599	15 493	0.696	− 0.096 ***
OvInv	2 378	0.0120	15 493	0.0160	− 0.004 ***
UnInv	2 378	0.0160	15 493	0.0150	0.001

续表

变量	$CM_B = 1$		$CM_B = 0$		Mean - Diff
	N	Mean	N	Mean	
AHD	1 185	0.0950	2 378	0.0980	-0.003
ALD	1 185	0.628	2 378	0.599	0.029 *
OvInv	1 185	0.0170	2 378	0.0120	0.005 ***
UnInv	1 185	0.0140	2 378	0.0160	-0.002 **
变量	$CM_C = 1$		$CM_C = 0$		Mean - Diff
	N	Mean	N	Mean	0.378 ***
AHD	10 198	0.0750	3 563	0.0970	-0.021 ***
ALD	10 198	0.698	3 563	0.609	0.089 ***
OvInv	10 198	0.0160	3 563	0.0130	0.003 ***
UnInv	10 198	0.0150	3 563	0.0150	-0.000
变量	$CM_D = 1$		$CM_D = 0$		Mean - Diff
	N	Mean	N	Mean	0.126 ***
AHD	4 110	0.0670	13 761	0.0810	-0.014 ***
ALD	4 110	0.709	13 761	0.675	0.034 ***
OvInv	4 110	0.0150	13 761	0.0150	0.000
UnInv	4 110	0.0160	13 761	0.0150	0.000

注：*** 、 ** 、 * 分别表示在 1%、5%、10% 统计水平上显著。

5.4.3 回归结果分析

用于检验假设 5-1 的多元回归结果列示在表 5-6 中。如表 5-6 的（1）列和（2）列所示，控制模式哑变量 CM_A 与上市公司异常高派现哑变量（AHD）显著正相关，系数为 0.2303，与异常低派现哑变量显著负相关（ALD），系数为 -0.1994，说明相比于其他控制模式，强式股东控制的上市公司更大可能进行异常高派现，更小可能进行异常低派现。如表 5-6 的（3）列和（4）列所示，控制模式哑变量 CM_A 与上市公司非效率过度投资（OInv）显著负相关，系数为 -0.0042，与非效率投资不足显著正相关（UInv），系数为 0.0021，说明相比于其他控制模式，强式股东控制的上市公司非效率过度投资的程度更低，而非效率投资不足的程度更高，上述结果证明了本书假设 5 - 1，即当上市公司属于强式股东控制模式时，更可能采取高派现低投资的策略来迎合实际控制人的利益诉求。

表 5 - 6　　　　　　　　假设 5 - 1 的检验结果

变量	AHD	ALD	OInv	UInv
	(1)	(2)	(3)	(4)
CM_A	0.2303 ***	- 0.1994 ***	- 0.0042 ***	0.0021 ***
	(0.0060)	(0.0004)	(0.0000)	(0.0000)
Size	0.1611 ***	- 0.4682 ***	- 0.0001	- 0.0019 ***
	(0.0000)	(0.0000)	(0.7618)	(0.0000)
Leve	- 1.7864 ***	1.7967 ***	0.0043 **	0.0077 *
	(0.0000)	(0.0000)	(0.0435)	(0.0565)
Tobin'Q	- 0.1532 ***	0.2200 ***	0.0008 ***	0.0009 ***
	(0.0000)	(0.0000)	(0.0010)	(0.0011)
Roa	7.1366 ***	- 28.1553 ***	0.0433 ***	0.0348 **
	(0.0000)	(0.0000)	(0.0000)	(0.0371)
Cash	0.3161	- 2.1249 ***	- 0.0204 ***	0.0278 ***
	(0.1618)	(0.0000)	(0.0000)	(0.0000)
Inshold	- 24.1333 **	- 15.4712 ***	- 0.2489 ***	- 0.0382
	(0.0475)	(0.0020)	(0.0004)	(0.4323)
Fcf	—	—	- 0.0023	- 0.0820 ***
			(0.6218)	(0.0047)
Indus	控制	控制	控制	控制
Year	控制	控制	控制	控制
截距	- 6.2674 ***	12.1858 ***	0.0203 **	0.0449 ***
	(0.0000)	(0.0000)	(0.0111)	(0.0000)
N	17 841	17 849	17 871	17 871
LR 值/$Adj - R^2$	651.76	2 835.40	0.0170	0.0961

注：***、**、* 分别表示在1%、5%、10% 统计水平上显著，括号内为 P 值。

用于检验假设 5 - 2 的多元回归结果列示在表 5 - 7 中。如表 5 - 7 的（1）列和（2）列所示，控制模式哑变量 CM_D 与上市公司异常高派现哑变量

（AHD）显著负相关，系数为 -0.1846，与异常低派现哑变量显著正相关（ALD），系数为 0.0928，说明相比于股东控制模式，管理者控制的上市公司更小可能进行异常高派现，更大可能进行异常低派现。如表 5 - 7 的（1）列和（2）列所示，控制模式哑变量 CM_D 与上市公司非效率过度投资（OInv）及非效率投资不足（UInv）均不存在显著统计意义上的显著关系，这说明相比于股东控制模式，管理者控制的上市公司并没有进行更多的过度投资，也不存在更严重的投资不足。上述结果部分证明了本书的假设 5 - 2，即相比于股东控制的上市公司，在管理者控制的情况下，上市公司更可能采取低派现的策略来迎合管理者的利益诉求，但没有证据表明上市公司会通过高投资来迎合管理者的利益诉求。在管理者控制的情况下，上市公司未出现明显过度投资，也未出现明显投资不足，其可能的原因是，不同风险偏好的管理者，其主导的上市公司会采取不同的投资策略。

表 5 -7 假设 5 - 2 的检验结果

变量	AHD	ALD	OInv	UInv
	(1)	(2)	(3)	(4)
CM_D	-0.1846 **	0.0928 **	-0.0003	-0.0002
	(0.0103)	(0.0454)	(0.6385)	(0.6740)
Size	0.1764 ***	-0.4823 ***	-0.0004	-0.0017 ***
	(0.0000)	(0.0000)	(0.2188)	(0.0000)
Leve	-1.8220 ***	1.8241 ***	0.0046 **	0.0075 *
	(0.0000)	(0.0000)	(0.0311)	(0.0627)
Tobin'Q	-0.1486 ***	0.2155 ***	0.0007 ***	0.0010 ***
	(0.0000)	(0.0000)	(0.0024)	(0.0007)
Roa	7.0499 ***	-28.0829 ***	0.0437 ***	0.0344 **
	(0.0000)	(0.0000)	(0.0000)	(0.0387)
Cash	0.3333	-2.1326 ***	-0.0209 ***	0.0280 ***
	(0.1379)	(0.0000)	(0.0000)	(0.0000)
Inshold	-24.0583 **	-15.6250 ***	-0.2525 ***	-0.0371
	(0.0476)	(0.0017)	(0.0003)	(0.4460)
Fcf	—	—	-0.0024	-0.0820 ***
			(0.6063)	(0.0047)

续表

变量	AHD	ALD	OInv	UInv
	（1）	（2）	（3）	（4）
Indus	控制	控制	控制	控制
Year	控制	控制	控制	控制
截距	− 6.4972 *** （0.0000）	12.4255 *** （0.0000）	0.0268 *** （0.0005）	0.0421 *** （0.0000）
N	17 841	17 849	17 871	17 871
LR 值/Adj − R^2	652.38	2 833.56	0.0158	0.0955

注：***、**、* 分别表示在 1%、5%、10% 统计水平上显著，括号内为 P 值。

用于检验假设 5－3 的多元回归结果列示在表 5－8 中。如表 5－8 的（1）列和（2）列所示，控制模式哑变量 CM_B 与上市公司异常高派现哑变量（AHD）及异常低派现哑变量（ALD）均不存在统计意义上的显著关系，说明半强式股东控制的公司在派现方面与强式股东控制的公司之间不存在显著差异，也即半强式股东控制的上市公司，也更大可能进行异常高派现，更小可能进行异常低派现。如表 5－8 的（3）列和（4）列所示，控制模式哑变量 CM_B 与上市公司非效率过度投资（OInv）显著正相关，系数为 0.0043，与非效率投资不足显著负相关（UInv），系数为 − 0.0020，说明相比于强式股东控制，半强式股东控制的上市公司存在更高水平的非效率过度投资，更低水平的非效率投资不足。上述结果部分证明了本书假设 5－3，即在控制权相当的情况下，随着实际控制人所有权的下降，上市公司更可能采取高投资的策略来迎合实际控制人的利益诉求。该回归结果同时说明，在控制权相当的情况下，当所有权有所下降但依然处于相对较高的水平时（超过 20%），高派现策略依然是迎合实际控制人利益诉求的手段之一。

表 5－8　　　　　假设 5－3 的检验结果

变量	AHD	ALD	OInv	UInv
	（1）	（2）	（3）	（4）
CM_B	− 0.0767 （0.5521）	0.0708 （0.4419）	0.0043 *** （0.0025）	− 0.0020 *** （0.0091）
Size	0.1198 ** （0.0400）	− 0.4507 *** （0.0000）	− 0.0024 *** （0.0001）	− 0.0002 （0.4852）

续表

变量	AHD	ALD	OInv	UInv
	(1)	(2)	(3)	(4)
Leve	−2.4994 ***	1.4351 ***	0.0077 *	−0.0039
	(0.0000)	(0.0000)	(0.0618)	(0.1638)
Tobin'Q	−0.0972 *	0.2116 ***	−0.0001	0.0000
	(0.0658)	(0.0000)	(0.8298)	(0.9766)
Roa	4.5245 ***	−29.0732 ***	0.0580 ***	0.0298 ***
	(0.0009)	(0.0000)	(0.0000)	(0.0006)
Cash	−0.0728	−3.1857 ***	−0.0174 ***	0.0254 ***
	(0.8698)	(0.0000)	(0.0001)	(0.0000)
Inshold	−44.7601 *	−39.2219 ***	−0.2694 ***	−0.1456 **
	(0.0851)	(0.0001)	(0.0057)	(0.0406)
Fcf	—	—	−0.0103	−0.0437 ***
			(0.1569)	(0.0000)
Indus	控制	控制	控制	控制
Year	控制	控制	控制	控制
截距	−4.7347 ***	12.3587 ***	0.0631 ***	0.0224 ***
	(0.0009)	(0.0000)	(0.0000)	(0.0039)
N	3 545	3 553	3 563	3 563
LR 值/Adj − R²	149.26	608.33	0.0336	0.0855

注：***、**、*分别表示在 1%、5%、10% 统计水平上显著，括号内为 P 值。

用于检验假设 5-4 的多元回归结果列示在表 5-9 中。如表 5-9 的
（1）列和（2）列所示，控制模式哑变量 CM_C 与上市公司异常高派现哑变量
（AHD）显著负相关，系数为 −0.1788，与异常低派现哑变量显著正相关
（ALD），系数为 0.1487，说明相比于强式和半强式股东控制，弱式股东控制
的上市公司更小可能进行异常高派现，更大可能进行异常低派现。如表 5-9
的（3）列和（4）列所示，控制模式哑变量 CM_C 与上市公司非效率过度投资
（OInv）显著正相关，系数为 0.0023，与非效率投资不足（UInv）显著负相
关，系数为 −0.0012，说明相比于强式和半强式股东控制，弱式股东控制的
上市公司的非效率过度投资程度更高，非效率投资不足程度更低。该结果证

实了本书假设 5 - 4，即随着实际控制人所有权和控制权的下降，尤其是所有权水平较低（低于 20%），上市公司更可能采取低派现高投资的策略来迎合实际控制人的利益诉求。

表 5 - 9   假设 5 - 4 的检验结果

变量	AHD	ALD	OInv	UInv
	（1）	（2）	（3）	（4）
CM_C	- 0. 1788 **	0. 1487 ***	0. 0023 ***	- 0. 0012 ***
	（0. 0182）	（0. 0032）	（0. 0021）	（0. 0072）
Size	0. 1636 ***	- 0. 4643 ***	- 0. 0003	- 0. 0016 ***
	（0. 0000）	（0. 0000）	（0. 3815）	（0. 0000）
Leve	- 1. 7115 ***	1. 7073 ***	0. 0028	0. 0077 *
	（0. 0000）	（0. 0000）	（0. 2213）	（0. 0838）
Tobin'Q	- 0. 1571 ***	0. 2263 ***	0. 0010 ***	0. 0010 ***
	（0. 0000）	（0. 0000）	（0. 0019）	（0. 0067）
Roa	7. 0380 ***	- 28. 0114 ***	0. 0415 ***	0. 0466 **
	（0. 0000）	（0. 0000）	（0. 0000）	（0. 0338）
Cash	0. 3443	- 2. 2285 ***	- 0. 0230 ***	0. 0277 ***
	（0. 1798）	（0. 0000）	（0. 0000）	（0. 0000）
Inshold	- 22. 3565 *	- 11. 7559 **	- 0. 3084 ***	- 0. 0506
	（0. 0860）	（0. 0300）	（0. 0001）	（0. 3402）
Fcf	—	—	- 0. 0021	- 0. 0928 **
			（0. 7159）	（0. 0107）
Indus	控制	控制	控制	控制
Year	控制	控制	控制	控制
截距	- 5. 9004 ***	11. 9744 ***	0. 0230 **	0. 0406 ***
	（0. 0000）	（0. 0000）	（0. 0103）	（0. 0000）
N	13 739	13 742	13 761	13 761
LR 值/Adj - R^2	525. 55	2 180. 09	0. 0174	0. 1128

注：***、**、* 分别表示在 1%、5%、10% 统计水平上显著，括号内为 P 值。

5.4.4　稳健性检验

（1）本书采用滞后一期的上市公司控制模式作为解释变量进行稳健性回归，检验上期不同的控制模式下，企业本期的异常派现与非理性投资是否与前文的研究保持一致。将滞后一期的控制模式哑变量代入相应的模型进行回归，回归结果支持了本书的结论。

（2）本书借鉴刘孟晖和武琼（2016）对于非理性投资的定义，将模型（5-1）中大于或等于第三四分位数的残差定义为企业的非理性过度投资（oinv）；将模型（5-1）中小于或等于第一四分位数时的残差定义为企业的非理性投资不足（uinv）；若企业模型（5-1）的残差位于第一四分位数和第三四分位数之间，则企业不存在非理性投资。以此重新衡量公司的非效率投资。依据上市公司当年分红总额是否超过当年实现的净利润，重新定义异常高派现（ahd），若上市公司当年分红总额超过当年实现的净利润，则 ahd 取1，否则取0；依据上市公司当年是否分红重新定义异常低派现（ald），若上市公司当年未进行现金分红，则 ald 取1，否则取0。在对异常派现指标和非效率投资重新定义后，代入相应模型进行回归，回归结果基本支持本书的结论。

（3）本书通过进一步构建异常派现的持续年数和非效率投资的持续年数作为异常派现和非效率投资的代理指标进行稳健性回归。通过将异常高派现持续年数、异常低派现持续年数、非效率过度投资持续年数和非效率投资不足持续年数分别代入相应的模型进行回归，回归结果发现各控制模式下异常派现和非效率投资呈现的稳定性与本书结论一致。

5.5　拓展性研究

上述实证结果总体上说明，当上市公司处于不同的控制模式时，掌权的实际控制人或者管理者确实会通过采取不同的派现水平和投资水平来迎合自身的利益诉求，实际控制人还会根据控制权和所有权所处的不同区间，在派现和投资之间作出相机抉择，以最优的方式满足自身的利益诉求。由于中国特殊的国情，很高比例的上市公司的实际控制人是政府，政府的一部分社会

职能，如稳定和促进就业问题、保持和拉动辖区 GDP 等，会通过自身控制的
上市公司来实现（Fan et al.，2007；唐松和孙铮，2014）。而对于非国有企
业，政府可直接干预的方面相对较少，其决策受更多直接受实际控制人或管
理者较单纯的经济目的的驱动（Chen et al.，2011）。因此，国有企业与非国
有企业的实际控制人或管理者的决策动机和决策目标存在明显差异，那么进
一步检验实际控制人或管理者通过投资和派现决策满足私利的行为是否在国
企和非国企之间存在显著区别，对于拓展和深化前文结论有重要意义。公司
的投资决策和派现决策被异化成为实际控制人或者管理者追求个人私利的工
具，进一步检验公司内外部的治理机制能否抑制实际控制人或者管理者的私
利行为，从而起到保护中小投资者或股东利益，维护企业的长期发展，也有
十分重要的意义。为此，本书分别从外部监督机制和内部治理机制两个方面
入手，来检验公司治理是否能够发挥应有的监督管理作用。外部监督机制来
看，市场化程度的提高能够通过增加私利成本的方式来抑制实际控制人或管
理者的自利行为；而有较好声誉较强实力的审计机构，能够对实际控制人和
管理者私利行为有一定的威慑作用。因此，本书选取市场化进程和四大审计
机构作为外部监督机制的代理指标，检验外部监督机制对实际控制人或管理
者在投资和派现方面的私立行为是否有抑制作用。从内部治理机制来看，独
立董事从其职责要求以及与实际控制人及管理者相对较弱的经济及社会关系，
能够对实际控制人及管理者起到一定的监督作用；而较好的内部控制机制，
则能够兼顾公司的方方面面，对实际控制人及管理者的自利行为起到抑制作
用。因此，本书选取独立董事占比和内部控制指数作为内部治理机制的代理
指标，检验内部治理机制对实际控制人或管理者在投资和派现方面的私立行
为是否有抑制作用。

5.5.1 产权性质对相机抉择的影响

当上市公司属于国有企业，实际控制人为政府时，无论上市公司的控制
模式是股东控制还是管理者控制，较高水平的投资和较低水平的派现都会更
加符合实际控制人及管理者的预期。从投资决策来看，由于国有上市公司进
行日常运营的同时，还会收到政府下达的"任务"，包括增加就业人数、拉
动 GDP 点数等，这些政治任务的完成，往往需要上市公司进行更多的投资来

达成（Fan et al.，2007）。而国有上市公司"所有者缺位"导致的管理者掌权特点，也使国有企业表现出强烈的投资偏好，现金分红水平较低（韩雪，2016）。而从派现决策来看，国有企业派现后，政府虽然得到了一定的分红，但这种财政收入最终还是要为经济服务，即再次流向其他经济项目，或者重新投资到上市公司中，也即该循环中能满足私利的程度不高，且高水平的派在帮助政府满足其政治任务方面的作用较小，因此国有企业的分红动力不足（焦健等，2014）。此外，高水平的派现使得经济利益在流向政府的同时，也很大比例地流向了中小投资者，但由于国有企业本身的抗风险能力较强，在股市中相对更受投资者追捧，股价相对稳定，国有上市公司通过高派现迎合中小股东的动机不足，反而会减少上市公司可支配的经济资源，不利于政府通过上市公司这一平台完成特定的任务，因此，国有企业对于高水平派现的意愿不会强烈。综上所述，本书认为当上市公司为国有企业时，无论是股东控制模式，还是管理者控制模式，上市公司通过高派现迎合股东或管理者的行为都会有所弱化，而上市公司的通过高投资迎合股东或管理者的行为都会有所强化。

为了检验上述猜想，本书建立了国有企业哑变量（SEO），当上市公司属于国有性质时，SEO 取 1，否则取 0。通过将国有企业哑变量（SEO）以及国有企业哑变量（SEO）与控制模式哑变量（CMA、CMD、CMB、CMC）的交互项分别加入对应的回归模型中，检验国有企业与非国有企业在上市公司通过投资和派现决策迎合实际控制人或管理者的行为是否存在差异。由于在控制模式哑变量 CMB 在主回归中与上市公司的异常派现指标（AHD、AHC）无显著相关关系，控制模式哑变量 CMD 在主回归中与上市公司的非效率投资指标（OInv、UInv）无显著相关关系，因此，在此不再对该四组关系进行分析。在控制国有企业哑变量（SEO）及其与控制模式哑变量的交互项后，控制模式哑变量 CM_A 与上市公司的非效率投资及异常派现指标的回归结果列在表 5 – 10 中；控制模式哑变量 CM_D 与上市公司异常派现指标的回归结果，控制模式哑变量 CM_B 与上市公司非效率投资指标的回归结果，同列在表 5 – 11 中；控制模式哑变量 CM_C 与上市公司的非效率投资及异常派现指标的回归结果列在表 5 – 12 中。

从表 5 – 10 的回归结果来看，交互项 $CM_A \times SEO$ 与异常高派现显著负相关，与异常低派现显著正相关，这表明，产权性质为国企，能够抑制强式股东控制下的上市公司，采取更高的异常派现水平来迎合控制人的利益诉求，表现为弱化控制模式哑变量 CM_A 与异常高派现的正相关关系及与异常低派现的负相关关系。这与前文的猜想一致，即国有企业更可能规避高派现行为。交互项 $CM_A \times SEO$ 与过度投资无相关关系，与投资不足显著正相关，这表明，产权性质为国企，会强化强式股东控制下的上市公司，采取更低的非效率投资来迎合控制人的利益诉求，表现为强化控制模式哑变量 CM_A 与投资不足的正相关关系。这与前文的猜想并不一致，国有企业并没能弱化强式股东控制下上市公司的非效率低投资行为，反而起到了加强的作用。

表5－10　　　　　　　产权性质作为调节变量的检验结果

变量	AHD	ALD	OInv	UInv
	（1）	（2）	（3）	（4）
CM_A	0.7491 *** (0.0000)	－0.3741 *** (0.0001)	－0.0022 (0.1180)	0.0005 (0.6007)
SEO	－0.2939 *** (0.0001)	0.0966 ** (0.0410)	－0.0033 *** (0.0000)	0.0002 (0.8577)
$CM_A \times SEO$	－0.8213 *** (0.0000)	0.2317 ** (0.0500)	－0.0018 (0.2805)	0.0022 * (0.0546)
控制变量	控制	控制	控制	控制
行业/年份	控制	控制	控制	控制
N	17 841	17 849	17 871	17 871
LR 值/$Adj-R^2$	704.66	2 850.06	0.0184	0.0962

注：*** 、** 、* 分别表示在1%、5%、10%统计水平上显著，括号内为P值。

从表5－11的回归结果来看，交互项 $CM_D \times SEO$ 与异常高派现无相关关系，与异常低派现显著负相关，这表明，产权性质为国企，能够抑制管理者控制下的上市公司，采取比股东控制更低的异常派现水平来迎合管理者利益诉求的行为，表现为弱化控制模式哑变量 CM_D 与异常低派现的正相关关系。这表明，国有性质能够起到一定的治理作用。交互项 $CM_B \times SEO$ 与过度投资及投资不足无显著相关关系，这表明，产权性质为国企，并不会抑制半强式股东控制下的上市公司，采取比强式股东控制更高的非效率投资来迎合控制人利益诉求的行为。这表明，当所有权稍微下降，导致强式股东控制转为半强制股东控制时，实际控制人从高派现一定程度上转向高投资的相机抉择无论在国企还是非国企都明显存在，进一步支持了前文的假设。

表 5 – 11 产权性质作为调节变量的检验结果

变量	AHD	ALD	变量	OInv	UInv
	(1)	(2)		(3)	(4)
CM_D	− 0.2610 *** (0.0004)	0.1042 ** (0.0277)	CM_B	0.0042 * (0.0661)	− 0.0016 (0.1523)
SEO	− 0.3934 *** (0.0000)	0.1363 *** (0.0039)	SEO	− 0.0053 ** (0.0264)	− 0.0008 (0.5139)
$CM_D \times SEO$	− 0.1130 (0.3578)	− 0.1248 * (0.0755)	$CM_B \times SEO$	0.0018 (0.5081)	0.0008 (0.5856)
控制变量	控制	控制	控制变量	控制	控制
行业/年份	控制	控制	行业/年份	控制	控制
N	17 841	17 849	N	3 563	3 563
LR 值/$Adj - R^2$	678.32	2 851.00	LR 值/$Adj - R^2$	0.0354	0.0851

注：*** 、** 、* 分别表示在1%、5%、10%统计水平上显著，括号内为 P 值。

从表 5 – 12 的回归结果来看，交互项 $CM_C \times SEO$ 与异常高派现显著负相关，与异常低派现无显著相关关系，这表明，产权性质为国企，会加强弱式股东控制下的上市公司，采取比强式和半强式股东控制更低水平的异常派现来迎合控制人利益诉求的行为，表现为强化控制模式哑变量 CM_C 与异常高派现（AHD）的负相关关系。这与前文的猜想一致，即国有企业更可能偏向低派现行为。交互项 $CM_C \times SEO$ 与过度投资显著负相关，与投资不足显著正相关，这表明，产权性质为国企，会弱化弱式股东控制下的上市公司，采取比强式和半强式股东更高的非效率投资来迎合控制人利益诉求的行为，表现为弱化控制模式哑变量 CM_C 与过度投资的正相关关系及与投资不足的正负相关关系。这与前文的猜想并不一致，即所有权下降较严重时，上市公司由强式或半强式控制转为弱式股东控制时，国有企业从高派现转向高投资的相机抉择行为反而有所减弱。

表 5 – 12　　　　　　　　产权性质作为调节变量的检验结果

变量	AHD	ALD	OInv	UInv
	(1)	(2)	(3)	(4)
CM_C	– 0. 3639 ***	0. 1793 ***	0. 0004	0. 0000
	(0. 0000)	(0. 0042)	(0. 6725)	(0. 9621)
SEO	– 0. 3952 ***	0. 1285 **	– 0. 0032 ***	0. 0003
	(0. 0000)	(0. 0146)	(0. 0000)	(0. 7628)
$CM_C \times SEO$	– 0. 4321 ***	0. 0442	– 0. 0036 ***	0. 0027 ***
	(0. 0021)	(0. 6181)	(0. 0041)	(0. 0010)
控制变量	控制	控制	控制	控制
行业/年份	控制	控制	控制	控制
N	13 739	13 742	13 761	13 761
LR 值/$Adj – R^2$	563. 62	2 191. 63	0. 0196	0. 1134

注：*** 、** 、* 分别表示在 1%、5%、10% 统计水平上显著，括号内为 P 值。

5.5.2　市场化进程对相机抉择的影响

经济在地区间发展程度的不均衡、市场化程度差异较大也是中国市场经济的一个特征，上市公司会根据所处地区的市场化程度采取适宜的生存发展模式，进而使得公司的投资和派现决策受市场化程度的显著影响。一方面，随着市场化程度的提升，上市公司所处的经济环境的竞争程度也会增加（杨兴全等，2014），上市公司较差的业绩表现会增加上市公司的破产清算可能，这会使实际控制人或者管理者采取自利行为的动机减弱；另一方面，随着市场化程度的提升，监管机构的监管力度、投资者的整体素质以及媒体的关注和报道效应都会有所增加（侯晓红和姜蕴芝，2015），上市公司面临的外部监督更多，实际控制人或管理者采取自利行为更可能被市场识别，并通过市场手段对上市公司进行处罚，如股价下跌、监管部门处罚等，这会增加控制人自利行为的成本。综上所述，本书认为，市场化程度的提升能够抑制实际控制人或管理者通过非效率投资或异常派现来迎合自身利益诉求的行为。

为了检验上述猜想，本书采用樊纲等人编著和计算的中国各地区市场化指数衡量市场化程度，并建立代理指标 Market。通过将市场化指数（Market）以及市场化指数（Market）与控制模式哑变量（CM_A、CM_D、CM_B、CM_C）的交互项分别加入对应的回归模型中，检验市场化程度是否能够对上市公司通过投资和派现决策迎合实际控制人或管理者的行为起到抑制作用。由于在控制模式哑变量 CM_B 在主回归中与上市公司的异常派现指标（AHD、AHC）无显著相关关系，控制模式哑变量 CM_D 在主回归中与上市公司的非效率投资指标（OInv、UInv）无显著相关关系，因此，在此不再对该四组关系进行分析。在加入市场化指数（Market）及其与控制模式哑变量的交互项后，控制模式哑变量 CM_A 与上市公司的非效率投资及异常派现指标的回归结果列在表 5 – 4 中；控制模式哑变量 CM_D 与上市公司异常派现指标的回归结果，控制模式哑变量 CM_B 与上市公司非效率投资指标的回归结果，同列在表 5 – 5 中；控制模式哑变量 CM_C 与上市公司的非效率投资及异常派现指标的回归结果列在表 5 – 6 中。

从表 5 – 13 的回归结果来看，交互项 $CM_A \times SEO$ 与异常高派现（AHD）及异常低派现（ALD）无显著相关关系，这表明，市场化程度的提升，并不能抑制强式股东控制下的上市公司，采取更高的异常派现水平来迎合控制人利益诉求的行为。交互项 $CM_A \times SEO$ 与过度投资（OInv）显著正相关，与投资不足（UInv）无显著相关关系，这表明，市场化程度的提升，能够抑制强式股东控制下的上市公司，采取非效率的低投资来迎合控制人利益诉求的行为，且表现为弱化控制模式哑变量 CM_A 与过度投资的负相关关系。

从表 5 – 14 的回归结果来看，交乘项 $CM_D \times Market$ 与异常高派现（AHD）无显著相关关系，与异常低派现（ALD）显著负相关，这表明随着市场化程度的提高，管理者控制的上市公司通过低派现迎合管理者的行为得到了一定程度的抑制，且主要表现为弱化管理者控制哑变量与异常低派现之间的正相关关系。交互项 $CM_B \times Market$ 与过度投资显著正相关，与投资不足显著负相关，这表明市场化程度的提升反而强化了半强式股东控制下的上市公司通过增加非效率投资水平来迎合控制人的利益诉求。

表 5 - 13　　　　　　　　市场化进程作为调节变量的检验结果

变量	AHD	ALD	OInv	UInv
	（1）	（2）	（3）	（4）
CM_A	- 0.2109	- 0.2411	- 0.0115 ***	0.0017
	(0.5762)	(0.2974)	(0.0000)	(0.3581)
Market	0.0930 ***	- 0.0928 ***	- 0.0005 **	- 0.0001
	(0.0000)	(0.0000)	(0.0188)	(0.2785)
$CM_A \times Market$	0.0406	0.0091	0.0010 ***	0.0000
	(0.3329)	(0.7381)	(0.0026)	(0.9320)
控制变量	控制	控制	控制	控制
行业/年份	控制	控制	控制	控制
N	14 003	14 010	14 022	14 022
LR 值/Adj - R^2	515.10	2 243.39	0.0161	0.1024

注：*** 、** 、* 分别表示在 1%、5%、10% 统计水平上显著，括号内为 P 值。

表 5 - 14　　　　　　　　市场化进程作为调节变量的检验结果

变量	AHD	ALD	变量	OInv	UInv
	（1）	（2）		（3）	（4）
CM_D	- 0.1688 *	0.0677	CM_B	0.0139 ***	- 0.0065 **
	(0.0555)	(0.2140)		(0.0076)	(0.0143)
Market	0.0973 ***	- 0.0896 ***	Market	- 0.0003	0.0004
	(0.0000)	(0.0000)		(0.6155)	(0.2045)
$CM_D \times Market$	0.0138	- 0.0164 **	$CM_B \times Market$	0.0013 **	- 0.0006 *
	(0.2208)	(0.0332)		(0.0267)	(0.0539)
控制变量	控制	控制	控制变量	控制	控制
行业/年份	控制	控制	行业/年份	控制	控制
N	14 003	14 010	N	2 758	2 758
LR 值/Adj - R^2	516.25	2 245.18	LR 值/Adj - R^2	0.0339	0.0781

注：*** 、** 、* 分别表示在 1%、5%、10% 统计水平上显著，括号内为 P 值。

　　表 5 - 15 交乘项的回归结果表明，交乘项 $CM_C \times Market$ 与异常高派现及异常低派现均无显著相关关系，这表明市场化进程的提升，弱式股东控制下

上市公司的低派现行为并没有得到改善。交乘项 $CM_C \times Market$ 与非效率过度投资显著负相关，与非效率投资不足显著正相关，这表明，随着市场化进行的提升，弱式股东控制下上市公司的高投资行为得到了抑制。

表 5 - 15   市场化进程作为调节变量的检验结果

变量	AHD	ALD	OInv	UInv
	(1)	(2)	(3)	(4)
CM_C	- 0.0478	0.0091	0.0003	- 0.0001
	(0.7121)	(0.9140)	(0.8401)	(0.9357)
$Market$	0.0990 ***	- 0.0954 ***	- 0.0001	- 0.0001
	(0.0000)	(0.0000)	(0.5352)	(0.4304)
$CM_C \times Market$	0.0068	- 0.0146	- 0.0003 **	0.0002 **
	(0.6821)	(0.1939)	(0.0373)	(0.0250)
控制变量	控制	控制	控制	控制
行业/年份	控制	控制	控制	控制
N	10 842	10 844	10 854	10 854
LR 值/$Adj - R^2$	423.35	1744.56	0.0160	0.1198

注：***、**、* 分别表示在1%、5%、10%统计水平上显著，括号内为P值。

5.5.3   外部审计对相机抉择的影响

审计师作为独立第三方，对上市公司的财务报表发表独立公允的审计意见，以此增强财务报表的可信度，进而起到监督上市公司的作用。当实际控制人或者管理者通过异常派现或者非效率投资来追求私人收益时，往往会对上市公司的业绩带来不利影响，而处于避免投资者挥着股东的追求，上市公司会通过盈余管理、隐瞒重大不利信息等方式来掩盖私利行为，而这些掩盖手段最终会体现在财务报表中，被审计师审计并纠正（Nelson et al.，2002）。虽然中国市场中确实存在上市公司与审计师合谋的"审计意见购买"问题（赵国宇，2010），但珍惜自身声誉以及保护审计溢价的审计机构，如四大会计师事务所在发表审计意见方面的独立性更强，审计质量更高，能够通过审计行为对上市公司形成一定的监督和威慑力（Choi et al.，2008）。因此本书猜想，较高的审计质量能够抑制实际控制人或管理者通过非效率投资或异常派现来迎合自身利益诉求的行为。

　　为了检验上述猜想，本书采用上市公司合作的审计机构是否为四大会计师事务所来衡量审计质量，并建立代理指标 *Big*4。当上市公司合作的审计师事务所是毕马威、安永、立信或者普华永道时，Big4 取 1，否则取 0。通过将审计质量（*Big*4）以及审计质量（*Big*4）与控制模式哑变量（CM$_A$、CM$_D$、CM$_B$、CM$_C$）的交互项分别加入对应的回归模型中，检验较高的审计质量是否能够对上市公司通过投资和派现决策迎合实际控制人或管理者的行为起到抑制作用。由于控制模式哑变量 CM$_B$ 在主回归中与上市公司的异常派现指标（AHD、AHC）无显著相关关系，控制模式哑变量 CMD 在主回归中与上市公司的非效率投资指标（OInv、UInv）无显著相关关系，因此，在此不再对该四组关系进行分析。在加入审计质量（*Big*4）及其与控制模式哑变量的交互项后，控制模式哑变量 CM$_A$ 与上市公司的非效率投资及异常派现指标的回归结果列在表 5 – 16 中；控制模式哑变量 CM$_D$ 及控制模式哑变量 CM$_B$ 与上市公司非效率投资指标的回归结果同列在表 5 – 17 中；控制模式哑变量 CM$_C$ 与上市公司的非效率投资及异常派现指标的回归结果列在表 5 – 18 中。

　　从表 5 – 16 的回归结果来看，交乘项 $CM_A \times Big4$ 与异常高派现（AHD）显著负相关，与异常低派现（ALD）显著正相关，这表明当审计单位为四大审计师事务所时，强式股东控制下上市公司通过高派现迎合实际控制人的行为得到了抑制，且表现为弱化控制模式哑变量（CM_A）与异常高派现（AHD）的正相关关系，弱化控制模式哑变量（CM_A）与异常低派现（ALD）的负相关关系。交乘项 $CM_A \times Big4$ 与非效率过度投资（OInv）及非效率投资不足（UInv）无显著相关关系，表明四大审计师事务所并不能抑制强式股东控制下的上市公司通过非效率低投资迎合实际控制人的行为。

　　从表 5 – 17 的回归结果来看，交乘项 $CM_D \times Big4$ 与异常高派现及异常低派现均无显著关系，这表明四大审计师事务所的审计，并不能抑制管理者控制的上市公司采取比股东控制的上市公司更低的异常派现水平迎合实际控制人利益的行为。交乘项 $CM_B \times Big4$ 与非效率过度投资（OInv）和非效率投资不足（UInv）之间均不存在显著相关关系，这表明四大审计师事务所的审计，并不能抑制半强式股东控制的上市公司通过非效率高投资来迎合实际控制人利益诉求的行为。

表 5 – 16   外部审计质量作为调节变量的检验结果

变量	AHD	ALD	OInv	UInv
	(1)	(2)	(3)	(4)
CM_A	0.2757 ***	– 0.2200 ***	– 0.0040 ***	0.0019 ***
	(0.0011)	(0.0001)	(0.0000)	(0.0001)
Big4	– 0.0789	– 0.5719 ***	– 0.0023 *	0.0001
	(0.6727)	(0.0000)	(0.0985)	(0.9486)
$CM_A \times Big4$	– 0.8785 **	0.4812 **	– 0.0022	0.0019
	(0.0308)	(0.0315)	(0.3887)	(0.2381)
控制变量	控制	控制	控制	控制
行业/年份	控制	控制	控制	控制
N	17 841	17 849	17 871	17 871
LR 值$/Adj – R^2$	656.65	2 842.25	0.0171	0.0960

注：***、**、*分别表示在1%、5%、10%统计水平上显著，括号内为 P 值。

表 5 – 17   外部审计质量作为调节变量的检验结果

变量	AHD	ALD	变量	OInv	UInv
	(1)	(2)		(3)	(4)
CM_D	– 0.1912 ***	0.0867 *	CM_B	0.0047 ***	– 0.0020 **
	(0.0080)	(0.0618)		(0.0017)	(0.0129)
Big4	– 0.1431	– 0.5235 ***	Big4	– 0.0056 **	– 0.0008
	(0.4411)	(0.0000)		(0.0164)	(0.5257)
$CM_D \times Big4$	– 0.6513	0.2871	$CM_B \times Big4$	0.0034	– 0.0013
	(0.1044)	(0.1881)		(0.2731)	(0.5044)
控制变量	控制	控制	控制变量	控制	控制
行业/年份	控制	控制	行业/年份	控制	控制
N	17 841	17 849	N	3 563	3 563
LR 值$/Adj – R^2$	655.77	2 840.54	LR 值$/Adj – R^2$	0.0339	0.0854

注：***、**、*分别表示在1%、5%、10%统计水平上显著，括号内为 P 值。

从表 5 – 18 的回归结果来看，交乘项 $CM_C \times Big4$ 与异常高派现显著负相关，与异常低派现无显著关系，这表明四大审计师事务所的审计，反而会强化弱式股东控制的上市公司通过异常低派现来迎合实际控制人利益诉求的行为，且主要表现为强化控制模式哑变量（CM_C）与异常高派现（AHD）之间的负相关关系。交乘项 $CM_C \times Big4$ 与非效率过度投资显著负相关，与非效率投资不足显著正相关，这表明四大审计师事务所的审计，能抑制弱式股东控制下的上市公司采取非效率高投资来迎合实际控制人利益诉求的行为，且主要表现为弱化控制模式哑变量（CM_C）与非效率过度投资（$OInv$）之间的正相关关系。

表 5 - 18　　　　　　　　　　外部审计质量作为调节变量的检验结果

变量	AHD	ALD	OInv	UInv
	（1）	（2）	（3）	（4）
CM_C	－ 0. 2072 ***	0. 1464 ***	0. 0021 ***	－ 0. 0011 **
	（0. 0061）	（0. 0041）	（0. 0053）	（0. 0136）
$Big4$	－ 0. 2704	－ 0. 4835 ***	－ 0. 0009	－ 0. 0011
	（0. 1930）	（0. 0001）	（0. 5508）	（0. 2054）
$CM_C \times Big4$	－ 0. 6946 *	0. 3469	－ 0. 0051 **	0. 0032 **
	（0. 0931）	（0. 1202）	（0. 0480）	（0. 0465）
控制变量	控制	控制	控制	控制
行业/年份	控制	控制	控制	控制
N	13 739	13 742	13 761	13 761
LR 值/$Adj - R^2$	532. 28	2 182. 77	0. 0176	0. 1128

注：*** 、** 、* 分别表示在1%、5%、10%统计水平上显著，括号内为 P 值。

5.5.4　独立董事对相机抉择的影响

独立董事的设立，是作为公司治理的一部分，通过向董事会引入专业性强、独立性强的人员，加强董事会对管理者的监督和指导作用，提高对股东利益的保护（Fama and Jensen，1983）。有研究表明，当管理者作出不利于公司及股东利益的自利型公司决策时，出于对自身声誉的保护，独立董事会通过消极的表达方式、保留个人意见甚至是投反对票的方式表达对决策的质疑和反对（叶康涛等，2011），且独立董事还能够在一定程度上抑制实际控制人对于上市公司的利益侵占，提高上市公司的盈余质量（黄海杰等，2016）。也有研究表明，中国上市公司中的独立董事，其独立性值得商榷。独立董事可能迫于管理者或者大股东的"威逼利诱"，成为治理机制的"花瓶"（唐雪松等，2010），对于实际控制人或者管理者自利行为的约束作用十分有限。由于中国上市公司董事会的成立要求之一是独立董事占董事会成员的比例不低于1/3，现有研究对于独立董事的独立性以及所发挥的监督作用存在的争议，使进一步检验独立董事在实际控制人或管理者通过非效率投资或异常派现迎合自身利益方面，能否发挥监督和抑制作用具有重要意义。

为了检验上述猜想，本书采用建立独立董事占比（$Indep$）作为独立董事监督力量的代理指标。通过将独立董事占比（$Indep$）以及独立董事占比（$Indep$）与控制模式哑变量（CM_A、CM_D、CM_B、CM_C）的交互项分别加入对应的回归模型中，检验较高的独立董事占比是否能够对上市公司通过投资和派现决策迎合实际控制人或管理者的行为起到抑制作用。由于控制模式哑变量 CM_B 在主回归中与上市公司的异常派现指标（AHD、AHC）无显著相关关系，控制模式哑变量 CM_D 在主回归中与上市公司的非效率投资指标（OInv、UInv）无显著相关关系，在此不再对该四组关系进行分析。在加入独立董事占比（$Indep$）及其与控制模式哑变量的交互项后，控制模式哑变量 CM_A 与上市公司的非效率投资及异常派现指标的回归结果列在表 5 - 19 中；控制模式哑变量 CM_D 及控制模式哑变量 CM_B 与上市公司非效率投资指标的回归结果同列在表 5 - 20 中；控制模式哑变量 CM_C 与上市公司的非效率投资及异常派现指标的回归结果列在表 5 - 21 中。

从表 5 - 19 的回归结果来看，交乘项 $CM_A \times Indep$ 与异常高派现及异常低派现均无显著相关关系，这表明，独立董事比例的提升，并不能弱化强制股东控制的上市公司，采取更高的派现水平以迎合实际控制人利益诉求的倾向。交乘项 $CM_A \times Indep$ 与非效率过度投资无显著相关关系，但与非效率投资不足显著正相关，这表明独立董事比例的提升，反而会强化强式股东控制的上市公司采取更低的投资水平来迎合实际控制人的利益诉求。

从表 5 - 20 的回归结果来看，交乘项 $CM_D \times Indep$ 与异常高派现显著正相关，与异常低派现显著负相关，这表明独立董事比例的提升能够抑制管理者控制的上市公司采取比股东控制更低的异常派现水平来迎合管理者利益诉求的行为，具体表现为弱化控制模式哑变量 CM_D 与异常高派现的正相关关系，与异常低派现的负相关关系。交乘项 $CM_B \times Indep$ 与非效率过度投资显著负相关关系，与非效率投资不足显著正相关，这表明独立董事比例的提升能够抑制半强式股东控制的上市公司通过更高的非效率投资迎合实际控制人利益诉求的行为，且表现为弱化控制模式哑变量 CM_B 与过度投资的正相关关系，与投资不足的负相关关系。

表 5 – 19　　　　独立董事占比作为调节变量的检验结果

变量	AHD	ALD	OInv	UInv
	(1)	(2)	(3)	(4)
CM_A	0.2921	−0.4117	0.0018	−0.0062
	(0.5222)	(0.2059)	(0.6916)	(0.1163)
$Indep$	−0.8713	1.2394***	0.0075	0.0022
	(0.1549)	(0.0024)	(0.2177)	(0.5615)
$CM_A \times Indep$	−0.1248	0.5291	−0.0160	0.0218**
	(0.9166)	(0.5357)	(0.1835)	(0.0417)
控制变量	控制	控制	控制	控制
行业/年份	控制	控制	控制	控制
N	17 802	17 810	17 832	17 832
LR 值/Adj − R^2	654.87	2 833.81	0.0170	0.0965

注：***、**、* 分别表示在 1%、5%、10% 统计水平上显著，括号内为 P 值。

表 5 – 20　　　　独立董事占比作为调节变量的检验结果

变量	AHD	ALD	变量	OInv	UInv
	(1)	(2)		(3)	(4)
CM_D	−0.1499**	0.0631	CM_B	−0.0187**	0.0100*
	(0.0414)	(0.1827)		(0.0370)	(0.0559)
$Indep$	−1.0181*	1.4411***	$Indep$	0.0584***	−0.0104
	(0.0581)	(0.0001)		(0.0082)	(0.2843)
$CM_D \times Indep$	0.5332**	−0.4913***	$CM_B \times Indep$	−0.0621**	0.0318**
	(0.0172)	(0.0011)		(0.0119)	(0.0244)
控制变量	控制	控制	控制变量	控制	控制
行业/年份	控制	控制	行业/年份	控制	控制
N	17 802	17 810	N	3 553	3 553
LR 值/Adj − R^2	658.22	2 834.01	LR 值/Adj − R^2	0.0358	0.0884

注：***、**、* 分别表示在 1%、5%、10% 统计水平上显著，括号内为 P 值。

从表 5 - 21 的回归结果来看，交乘项 $CM_C \times Indep$ 与异常高派现和异常低派现均无显著相关关系，这表明独立董事比例的提升并不能抑制弱式股东控制的上市公司通过异常低派现来迎合实际控制人利益诉求的行为。交乘项 $CM_C \times Indep$ 与非效率过度投资显著负相关关系，与非效率投资不足显著正相关，这表明独立董事比例的提升能够抑制弱式股东控制的上市公司通过非效率高投资来迎合实际控制人利益诉求的行为，且表现为弱化控制模式哑变量 CM_B 与过度投资的正相关关系，与投资不足的负相关关系。

表 5 - 21　　　　独立董事占比作为调节变量的检验结果

变量	AHD	ALD	OInv	UInv
	（1）	（2）	（3）	（4）
CM_C	- 0. 1461 （0. 1775）	0. 1039 （0. 1632）	- 0. 0014 （0. 2757）	0. 0006 （0. 3541）
$Indep$	- 0. 5782 （0. 3407）	0. 9927 ** （0. 0162）	0. 0154 ** （0. 0205）	0. 0028 （0. 4718）
$CM_C \times Indep$	0. 1465 （0. 6510）	- 0. 2048 （0. 3590）	- 0. 0152 *** （0. 0000）	0. 0071 *** （0. 0006）
控制变量	控制	控制	控制	控制
行业/年份	控制	控制	控制	控制
N	13 705	13 708	13 727	13 727
LR 值/Adj - R^2	524. 82	2 174. 90	0. 0188	0. 1136

注：***、**、*分别表示在1%、5%、10%统计水平上显著，括号内为 P 值。

5.5.5　内部控制对相机抉择的影响

内部控制制度的建立，旨在将公司各层级的人员，包括董事会、监事会、管理者及全体员工调动起来，通过监督和激励手段督促各层级人员共同完成特定目标（SEC，2003）。当上市公司建立了良好的内部控制机制并且有效运行时，实际控制人或者管理者所作出的经济决策就会受到各层级人员的关注和监督，不利于上市公司整体利益的决策受到质疑和否定的可能性更高。良好的内部控制能够通过监督管理者的经济决策，降低股东与管理者之间的代理冲突，抑制管理者通过过度投资等行为谋求私人利益（李万福等，2011），也能够通过监督实际控制人的自利行为，降低大股东与中小股东之间的代理冲突，抑制实际控制人通过掏空行为谋求控制权收益（李万福等，2011）。因此，本书猜想，较好的内部控制质量能够抑制实际控制人或管理者通过非效率投资或异常派现来迎合自身利益诉求的行为。

为了检验上述猜想，本书采用对数化的迪博内部控制指数（ICQ）作为上市公司内部控制质量（ICQ）的代理指标。通过将内部控制质量（ICQ）以及内部控制质量（ICQ）与控制模式哑变量（CM_A、CM_D、CM_B、CM_C）的交互项分别加入对应的回归模型中，检验较好的内部控制质量是否能够对上市公司通过投资和派现决策迎合实际控制人或管理者的行为起到抑制作用。由于控制模式哑变量 CM_B 在主回归中与上市公司的异常派现指标（AHD、AHC）无显著相关关系，控制模式哑变量 CM_D 在主回归中与上市公司的非效率投资指标（OInv、UInv）无显著相关关系，在此不再对该四组关系进行分析。在加入内部控制质量（ICQ）及其与控制模式哑变量的交互项后，控制模式哑变量 CM_A 与上市公司的非效率投资及异常派现指标的回归结果列在表 5-22 中；控制模式哑变量 CM_D 及控制模式哑变量 CM_B 与上市公司非效率投资指标的回归结果同列在表 5-23 中；控制模式哑变量 CM_C 与上市公司的非效率投资及异常派现指标的回归结果列在表 5-24 中。

从表 5-22 的回归结果来看，交乘项 $CM_A \times ICQ$ 与异常高派现显著负相关，与异常低派现无显著相关关系，这表明内部控制水平的提升能够抑制强制股东控制的上市公司采取更高的异常派现水平来迎合实际控制人利益诉求的行为，且表现为弱化控制模式哑变量 CM_A 与异常高派现之间的正相关关系。交乘项 $CM_A \times ICQ$ 与过度投资无显著相关关系，与投资不足显著正相关，这表明内部控制水平的提升会强化强制股东控制的上市公司采取更低的投资水平来迎合实际控制人利益诉求的行为，且表现为强化控制模式哑变量 CM_A 与投资不足之间的正相关关系。

从表 5-23 的回归结果来看，交乘项 $CM_D \times ICQ$ 与异常高派现无显著相关关系，与异常低派现显著负相关，这表明内部控制质量的提升能够抑制管理者控制下的上市公司通过异常低派现来迎合管理者利益诉求的行为，且表现为弱化控制模式哑变量 CM_D 与异常低派现的正相关关系。交乘项 $CM_B \times ICQ$ 与过度投资及投资不足均无显著相关关系，这表明内部控制质量的提升并不能抑制半强式股东控制的上市公司通过非效率高投资来迎合实际控制人利益诉求的行为。

表 5 - 22　　　　　　　　　内部控制质量作为调节变量的检验结果

变量	AHD	ALD	OInv	UInv
	（1）	（2）	（3）	（4）
CM_A	1. 3123 ***	− 0. 7702 *	− 0. 0015	− 0. 0077 ***
	（0. 0038）	（0. 0574）	（0. 6338）	（0. 0094）
ICQ	0. 2233 ***	− 0. 2865 ***	− 0. 0002	− 0. 0011 ***
	（0. 0000）	（0. 0000）	（0. 6241）	（0. 0053）
$CM_A \times ICQ$	− 0. 1608 **	0. 0797	− 0. 0004	0. 0015 ***
	（0. 0135）	（0. 1771）	（0. 4272）	（0. 0013）
控制变量	控制	控制	控制	控制
行业/年份	控制	控制	控制	控制
N	14 687	14 694	14 708	14 708
LR 值/$Adj - R^2$	505. 55	2 358. 61	0. 0156	0. 1015

注：*** 、 ** 、 * 分别表示在 1% 、5% 、10% 统计水平上显著，括号内为 P 值。

表 5 - 23　　　　　　　　　内部控制质量作为调节变量的检验结果

变量	AHD	ALD	变量	OInv	UInv
	（1）	（2）		（3）	（4）
CM_D	− 0. 1849 **	0. 0822	CM_B	0. 0025	− 0. 0007
	（0. 0298）	（0. 1206）		（0. 5858）	（0. 8726）
ICQ	0. 1827 ***	− 0. 2666 ***	ICQ	0. 0003	− 0. 0001
	（0. 0000）	（0. 0000）		（0. 5842）	（0. 8222）
$CM_D \times ICQ$	0. 0191	− 0. 0279 ***	$CM_B \times ICQ$	− 0. 0002	0. 0002
	（0. 1722）	（0. 0029）		（0. 7805）	（0. 7858）
控制变量	控制	控制	控制变量	控制	控制
行业/年份	控制	控制	行业/年份	控制	控制
N	14 687	14 694	N	2 881	2 881
LR 值/$Adj - R^2$	519. 15	2 363. 64	LR 值/$Adj - R^2$	0. 0305	0. 0770

注：*** 、 ** 、 * 分别表示在 1% 、5% 、10% 统计水平上显著，括号内为 P 值。

从表 5 - 24 的回归结果来看，交乘项 $CM_C \times ICQ$ 与异常高派现及异常低派现无显著相关关系，这表明内部控制质量的提升并不能抑制弱式股东控制下的上市公司采取比强式和半强式控制更低的异常派现水平来迎合实际控制人利益诉求的行为。交乘项 $CM_C \times ICQ$ 与过度投资显著负相关，与投资不足显著正相关，这表明内部控制质量的提升能够抑制弱式股东控制下的上市公司采取比强式和半强式控制更高的非效率投资来迎合实际控制人利益诉求的行为，且表现为弱化控制模式哑变量 CM_C 与过度投资的正相关关系及与投资不足的负相关关系。

表5-24　　　　　　　　　内部控制质量作为调节变量的检验结果

变量	AHD	ALD	OInv	UInv
	（1）	（2）	（3）	（4）
CM_C	-0.1207	0.0486	-0.0007	0.0008
	（0.3296）	（0.5621）	（0.5797）	（0.2623）
ICQ	0.2018***	-0.2701***	-0.0001	-0.0011**
	（0.0000）	（0.0000）	（0.6832）	（0.0178）
$CM_C \times ICQ$	0.0026	-0.0208	-0.0007***	0.0004***
	（0.8967）	（0.1352）	（0.0014）	（0.0006）
控制变量	控制	控制	控制	控制
行业/年份	控制	控制	控制	控制
N	11 305	11 307	11 319	11 319
LR值/$Adj - R^2$	0.1372	0.0954	0.0165	0.1197

注：***、**、*分别表示在1%、5%、10%统计水平上显著，括号内为P值。

5.6　结　论

本书以2010～2017年A股上市公司为研究样本，研究了处于不同控制模式的上市公司，内部人（实际控制人或管理者）在满足自身利益诉求时，在异常派现与非效率投资之间的相机抉择。研究发现，当上市公司属于强式股东控制模式时，实际控制人会采取异常高派现和非效率低投资的侵占组合来迎合自身的利益诉求。当上市公司属于强式管理者控制模式时，管理者会采取异常低派现的侵占方式来迎合自身的利益诉求，但没有证据表明该种控制模式下，上市公司会进行更多的非效率投资。而随着实际控制人所有权和控制权的下降，实际控制人会将异常高派现和非效率低投资的侵占组合逐步转为异常低派现和非效率高投资的侵占组合，表现出显著的相机抉择特征。具体表现为：当实际控制人的控制力较强而所有权有所下降，使控制模式由强式股东控制转为半强式股东控制，上市公司在派现方面没有显著转变，但非效率投资水平显著增加，表现为过度投资水平的增加和投资不足水平的下降；当实际控制人的所有权和控制权均下降，但所有权下降幅度更大，使控制模式由强式或半强式股东控制转为弱式股东控制时，上市公司的派现倾向显著下降，由异常高派现转为异常低派现，而非效率投资水平显著增强，由非效率低投资转为非效率高投资。通过进一步分析，本书发现内部人（实际控制人或管理者）在非效率投资与异常派现之间的抉择行为在国企与非国企之间存在明显差异，国有企业性质会弱化内部人的抉择行为特征。此外，外部监督机制包括市场化程度的提升以及四大审计师事务所的审计，内部治理机制包括独立董事占比的提高以及内部控制质量的提升，在不同程度上起到了抑制内部人通过非效率投资和异常派现的侵占组合迎合自身利益需求的行为，但也在某些方面起到了推动作用。因此，在厘清上市公司不同控制模式下，异常派现与非效率投资出现的内在动因和形式后，应当从内外部的监督和治理机制入手，针对性地解决和抑制不同控制模式下内部人的私利行为，为广大中小投资者和股东创造更好的投资环境。

| 6 |
现金股利与投资机制有效性检验

6.1 前 言

　　现金股利可以限制内部人所掌握的资源,可以通过构建有效的外部治理环境和内部治理机制,发挥其在公司治理中的积极作用。投资效率事关公司未来发展和各方面利益,通过构建有效的内外治理机制,约束公司的非效率投资行为。

　　李维安和姜涛(2007)认为公司治理是公司内部通过一套制度或机制实现协调公司各利益相关者之间的利益关系,保证公司的高效运行、决策科学,从而实现企业利益的最大化。因此,具有一套完善的监督机制和激励机制能够制约管理者的机会主义行为,促使管理者积极、理性、以企业价值最大化的原则参与公司的投资活动,抑制非效率投资行为。方红星和金玉娜(2013)证明了在股权分散的情况下,为了抑制管理层的自利行为,维护股东的利益,公司会设计一系列的公司治理机制,对管理者进行监督,来达到抑制管理层的非效率投资行为的目的。

　　贺建刚(2008)通过五粮液治理缺陷以及大股东利益输送的案例,证明公司治理能否对大股关联交易以及利益输送行为发挥抑制作用。研究结果表明,内部治理机制对大股东利益输送的抑制作用十分有限;外部治理机制特别是媒体监督在披露五粮液关联交易的过程中发挥着重要的作用。从2001年开始大量媒体都在声讨五粮液侵占中小股东利益的行为,例如"五粮液资产疑被转移""谁动了五粮液的奶酪"等对五粮液大股东的利益侵占行为进行披露和监督。但是媒体的披露并没有对大股东的行为产生实质的约束作用,文中表明五粮液并没有在未来期间增加分红派现,或者减少关联交易行为。因此,在外部治理机制中,还需要行政干预和法律诉讼等强制约束机制。

根据以上分析，我们选取一些内外部公司治理指标来检验内外部公司治理机制对企业异常派现和非效率投资的抑制作用。本书选取的公司治理指标包括内部公司治理指标：独立董事占比、董事会规模、股权制衡、股东大会会议次数；外部公司治理指标：市场化指数、四大事务所。通过将上述公司治理指标加入回归模型中，根据回归结果探究公司治理在上市公司现金股利发放和投资效率方面起到的作用，并进一步对比不同股权结构下公司治理效果的差异。相关回归结果分别以表格形式列示在表 6 – 1 ~ 表 6 – 13。

6.2 公司治理机制的构建

为完成公司治理机制的构建，以检验公司治理机制能否在股权集中和股权分散的股权结构下，发挥对上市公司非理性行为的治理作用，本书分别从内部治理机制和外部治理机制两个方面，选取适当的指标，构建相应的回归模型，对公司治理机制进行检验。以下是自变量和因变量的具体定义和计算（见表 6 – 1），其中与本书第 4 和第 5 部分相同的指标，在此表中不再进行赘述。

表 6 – 1   变量定义表

变量名	定义及计算
$Erate$	控股股东股权比例。等于控股股东持有上市公司的股数与上市公司的总股数的比值
$Irate$	独立董事占比。等于上市公司董事会中独立董事的人数与董事会总人数的比值
$Bsize$	董事会规模。等于上市公司董事会人数取对数
$Balan$	股权制衡。等于第二大股东到第十位股东持股比例之和与第一大股东持股比例的比值
$Gmnum$	股东大会次数。等于上市公司在此会计年度内召开股东大会次数取对数
$Big4$	四大会计师事务所审计，如果上市公司在此年度的审计机构为德勤、安永、毕马威、普华永道这四家事务所，则此指标为1，否则为0
$Mark$	市场化指数，本书采用樊纲等人编著和计算的中国各地区市场化指数衡量市场化程度

6.2.1 控制权集中下的治理机制作用

现有文献认为，上市公司的独立董事与公司的利益关系弱于普通董事，更能发挥监督上市公司日常经营和重大决策的作用，是监督大股东行为、维护投资者和中小股东正当权益的重要力量。因此，本书首先选择独立董事占比这一指标作为公司治理机制的代理指标，检验公司治理机制的建立能否抑制控制权集中下控股股东存在的引发非效率投资和异常派现的不良经济后果。为检验独立董事占比这一公司治理指标的作用，本书将独立董事占比指标以及独立董事占比与控股股东控制权比例指标的交互项加入回归模型中，回归结果如表6-2所示。

表6-2 　　独立董事占比作为公司治理机制发挥作用的回归结果

变量	OInv	UInv	AHD	ALD
	(1)	(2)	(3)	(4)
Erate	0.002 **	− 0.045 **	0.031	− 0.196
	(0.907)	(0.025)	(0.851)	(0.398)
Irate	0.028	− 0.054 **	− 0.163	− 0.097
	(0.327)	(0.031)	(0.451)	(0.750)
Erate × Irate	− 0.042	0.129 **	0.186	0.546
	(0.446)	(0.018)	(0.672)	(0.370)
Size	− 0.000	− 0.002 ***	0.001	− 0.072 ***
	(0.576)	(0.000)	(0.798)	(0.000)
Age	− 0.000 **	− 0.000 ***	− 0.002 ***	0.011 ***
	(0.018)	(0.000)	(0.001)	(0.000)
Leve	0.016 ***	− 0.010 ***	− 0.098 ***	0.402 ***
	(0.000)	(0.000)	(0.000)	(0.000)
Eps	− 0.000	0.004 ***	0.102 ***	− 0.411 ***
	(0.955)	(0.000)	(0.000)	(0.000)
ROA	0.031 *	0.028 **	0.194	− 1.094 ***
	(0.080)	(0.034)	(0.137)	(0.000)
BM	− 0.002 ***	0.001 ***	0.014 ***	0.012 *
	(0.001)	(0.001)	(0.004)	(0.082)

续表

变量	OInv	UInv	AHD	ALD
	(1)	(2)	(3)	(4)
AOP	0.007 **	− 0.012 **	0.036 *	− 0.104 ***
	(0.013)	(0.013)	(0.070)	(0.000)
Fcf	− 0.006	− 0.040 ***	− 1.140 ***	− 0.170 ***
	(0.166)	(0.000)	(0.000)	(0.003)
STA	− 0.004 ***	0.001	− 0.023 ***	− 0.018 *
	(0.000)	(0.158)	(0.002)	(0.067)
截距	0.010	0.096 ***	0.053	2.274 ***
	(0.482)	(0.000)	(0.635)	(0.000)
Indus/Year	控制	控制	控制	控制
N	11 159	11 159	11 159	11 159
Adj − R²	0.020	0.073	0.113	0.294

注：*** 、 ** 、 * 分别表示在1% 、5% 、10% 统计水平上显著，括号内为 P 值。

从表6 - 2 的回归结果来看，交互项 A × B 与非效率过度投资的回归系数为 − 0.042，但在统计上并不显著，与非效率投资不足的回归系数为 0.129，且在统计上显著。这表明，独立董事占比的提高对股权集中下控股股东股权比例提升显著抑制非效率过度投资没有影响，但显著加剧了控股股东比例提升导致的非效率投资不足，也即，独立董事占比提升，不仅不能起到抑制股权集中下控股股东的非效率投资，反而有加剧现象。交互项 A × B 与异常高派现的回归系数为 0.186，与异常低派现的回归系数为 0.546，且在统计上均不显著。这表明独立董事占比的提高，既不能抑制股权集中下控股股东股权比例提升带来的异常高派现，也对异常低派现无明显影响。这也表明，独立董事占比提升未发挥应有作用。

现有文献认为，上市公司的董事会规模较大，更能囊括各类英才，监督上市公司日常经营和重大决策，监督大股东行为，维护投资者和中小股东的正当权益。因此，本书首先选择董事会规模这一指标作为公司治理机制的代理指标，检验公司治理机制的建立能否抑制控制权集中下控股股东存在的引发非效率投资和异常派现的不良经济后果。为检验董事会规模这一公司治理指标的作用，本书将董事会规模以及董事会规模与控股股东控制权比例指标的交互项加入回归模型中，回归结果如表6-3所示。

表6-3 董事会规模作为公司治理机制发挥作用的回归结果

变量	OInv	UInv	AHD	ALD
	(1)	(2)	(3)	(4)
Erate	-0.009	0.041**	0.499*	-0.392
	(0.771)	(0.044)	(0.071)	(0.300)
Bsize	-0.003	0.007	0.128**	-0.206**
	(0.715)	(0.128)	(0.034)	(0.015)
Erate × Bsize	-0.002	-0.017*	-0.183	0.180
	(0.881)	(0.071)	(0.147)	(0.301)
Size	-0.000	-0.002***	-0.001	-0.066***
	(0.940)	(0.000)	(0.775)	(0.000)
Age	-0.000**	-0.000***	-0.002***	0.011***
	(0.026)	(0.004)	(0.002)	(0.000)
Leve	0.016***	-0.010***	-0.099***	0.405***
	(0.000)	(0.000)	(0.000)	(0.000)
Eps	-0.000	0.004***	0.102***	-0.413***
	(0.728)	(0.000)	(0.000)	(0.000)
ROA	0.035**	0.017	0.187	-1.071***
	(0.049)	(0.197)	(0.151)	(0.000)
BM	-0.002***	0.001***	0.015***	0.010
	(0.001)	(0.000)	(0.003)	(0.116)
AOP	0.007**	-0.013***	0.037*	-0.109***
	(0.014)	(0.007)	(0.057)	(0.000)
Fcf	-0.006	-0.035***	-1.140***	-0.166***
	(0.169)	(0.000)	(0.000)	(0.003)
STA	-0.004***	0.001	-0.026***	-0.009
	(0.000)	(0.130)	(0.000)	(0.356)
截距	0.023	0.060***	-0.250*	2.567***
	(0.225)	(0.000)	(0.095)	(0.000)
Indus/Year	控制	控制	控制	控制
N	11 159	11 159	11 159	11 159
$Adj-R^2$	0.020	0.068	0.114	0.295

注：***、**、*分别表示在1%、5%、10%统计水平上显著，括号内为P值。

从表 6 - 3 的回归结果来看，交互项 A × B 与非效率过度投资的回归系数为 - 0.002，但在统计上并不显著，与非效率投资不足的回归系数为 - 0.017*，且在统计上显著。这表明，董事会规模的提高对股权集中下控股股东股权比例提升显著抑制非效率过度投资没有影响，但显著削弱了控股股东比例提升导致的非效率投资不足，即董事会规模增大，虽然不能起到抑制股权集中下控股股东的非效率过度投资，但是能够抑制非效率投资不足。交互项 A × B 与异常高派现的回归系数为 - 0.183，与异常低派现的回归系数为 0.180，且在统计上均不显著。这表明，董事会规模的增大既不能抑制股权集中下控股股东股权比例提升带来的异常高派现，也对异常低派现无明显影响。这也表明，董事会规模增大未发挥应有作用。

现有文献认为，上市公司除存在控股股东外，如果还存在几个持股比例相对较高的大股东，那么这些非控股大股东为了保障自身的权益，有较高的激励监督控股股东的行为，从而间接起到维护投资者和中小股东正当权益的作用。因此，本书首先选择股权制衡这一指标作为公司治理机制的代理指标，检验公司治理机制的建立能否抑制控制权集中下控股股东存在的引发非效率投资和异常派现的不良经济后果。为检验股权制衡这一公司治理指标的作用，本书将股权制衡以及股权制衡与控股股东控制权比例指标的交互项加入回归模型中，回归结果如表 6 - 4 所示。

表 6 - 4 　　　　股权制衡作为公司治理机制发挥作用的回归结果

变量	OInv	UInv	AHD	ALD
	(1)	(2)	(3)	(4)
Erate	- 0.000	0.010 ***	0.037	0.032
	(0.928)	(0.004)	(0.358)	(0.559)
Balan	0.011 ***	0.006 **	- 0.061 **	0.025
	(0.003)	(0.033)	(0.022)	(0.496)
Erate × Balan	- 0.019 **	- 0.011 **	0.150 **	- 0.079
	(0.010)	(0.045)	(0.016)	(0.331)
Size	- 0.000	- 0.002 ***	0.000	- 0.071 ***
	(0.392)	(0.000)	(0.898)	(0.000)

变量	OInv	UInv	AHD	ALD
	（1）	（2）	（3）	（4）
Age	- 0.000 *	- 0.000 ***	- 0.002 ***	0.011 ***
	（0.062）	（0.000）	（0.001）	（0.000）
$Leve$	0.016 ***	- 0.009 ***	- 0.096 ***	0.401 ***
	（0.000）	（0.000）	（0.000）	（0.000）
Eps	- 0.000	0.004 ***	0.102 ***	- 0.411 ***
	（0.787）	（0.000）	（0.000）	（0.000）
ROA	0.030 *	0.032 **	0.205	- 1.083 ***
	（0.087）	（0.020）	（0.114）	（0.000）
BM	- 0.002 ***	0.001 ***	0.015 ***	0.011 *
	（0.001）	（0.000）	（0.004）	（0.093）
AOP	0.008 ***	- 0.013 ***	0.032 *	- 0.108 ***
	（0.007）	（0.007）	（0.097）	（0.000）
Fcf	- 0.006	- 0.039 ***	- 1.128 ***	- 0.166 ***
	（0.187）	（0.000）	（0.000）	（0.003）
STA	- 0.004 ***	0.001 *	- 0.023 ***	- 0.019 *
	（0.000）	（0.093）	（0.002）	（0.063）
截距	0.015	0.075 ***	0.030	2.216 ***
	（0.110）	（0.000）	（0.669）	（0.000）
$Indus/Year$	控制	控制	控制	控制
N	11 211	11 211	11 211	11 211
$Adj - R^2$	0.021	0.071	0.114	0.293

注：***、**、*分别表示在1%、5%、10%统计水平上显著，括号内为P值。

从表6-4的回归结果来看，交互项 A×B 与非效率过度投资的回归系数为 - 0.019，且在统计上显著，与非效率投资不足的回归系数为 - 0.011**，且在统计上显著。这表明股权制衡的存在在股权集中下进一步加剧了控股股东股权比例提升对非效率过度投资的抑制作用，但显著削弱了控股股东比例提升对非效率投资不足的促进作用，即股权制衡的存在增强了股权集中下控股股东的非效率过度投资，且能够抑制了非效率投资不足。交互项 A×B 与异常高派现的回归系数为 0.150，且在统计上显著，与异常低派现的回归系数为 - 0.079，且在统计上不显著。这表明股权制衡的存在加剧了股权集中下控股股东股权比例提升带来的异常高派现，但对异常低派现无明显影响，即在高派现方面，非控股大股东与控股股东的利益一致，均明显倾向高派现的股利分配模式。上述回归结果表明，股权制衡作为公司治理机制指标，仅能治理控股股东带来的非效率投资问题，但对异常派现行为非但不能削弱，反而有合谋嫌疑。

现有文献认为，随着中小股东维权意识提高，参与公司决策的渠道和成本随经济发展而下降，中小股东参与上市公司经营管理的意愿和能力也随之增强，选取中小股东代表参与上市公司股东大会越来越普遍。上市公司通过召开股东大会决定的重大事项，需要经过与会的多数股东表决同意方可通过，这为中小股东表达自身的意愿和维护自身利益提供了一定的保障，上市公司召开股东大会的次数，一定程度上反映了中小股东参与上市公司经营管理的程度。因此，本书选取股东大会次数这一指标作为公司治理机制的代理指标，检验公司治理机制的建立能否抑制控制权集中下控股股东存在的引发非效率投资和异常派现的不良经济后果。为检验股东大会次数这一公司治理指标的作用，本书将股东大会次数以及股东大会次数与控股股东控制权比例指标的交互项加入回归模型中，回归结果如表 6 - 5 所示。

表 6 - 5　　　股东大会次数作为公司治理机制发挥作用的回归结果

变量	OInv	UInv	AHD	ALD
	(1)	(2)	(3)	(4)
Erate	- 0.015 ***	0.006 **	0.035	0.005
	(0.001)	(0.014)	(0.381)	(0.915)
Gmnu	0.005 ***	- 0.000	- 0.026 *	0.030 *
	(0.000)	(0.722)	(0.051)	(0.065)
Erate × Gmnu	0.001	- 0.000	0.022 **	0.002
	(0.394)	(0.412)	(0.024)	(0.817)
Size	- 0.000	- 0.002 ***	0.000	- 0.072 ***
	(0.614)	(0.000)	(0.960)	(0.000)
Age	- 0.000 *	- 0.000 ***	- 0.002 ***	0.011 ***
	(0.066)	(0.003)	(0.001)	(0.000)
Leve	0.011 ***	- 0.009 ***	- 0.099 ***	0.379 ***
	(0.000)	(0.000)	(0.000)	(0.000)

变量	OInv	UInv	AHD	ALD
	(1)	(2)	(3)	(4)
Eps	−0.000	0.004***	0.101***	−0.411***
	(0.898)	(0.000)	(0.000)	(0.000)
ROA	0.031*	0.019	0.204	−1.082***
	(0.081)	(0.145)	(0.116)	(0.000)
BM	−0.002***	0.001***	0.014***	0.012*
	(0.001)	(0.000)	(0.005)	(0.076)
AOP	0.008***	−0.014***	0.033*	−0.108***
	(0.009)	(0.004)	(0.095)	(0.000)
Fcf	−0.003	−0.034***	−1.128***	−0.145***
	(0.512)	(0.000)	(0.000)	(0.010)
STA	−0.003***	0.001	−0.021***	−0.011
	(0.010)	(0.290)	(0.003)	(0.298)
截距	0.016*	0.079***	0.035	2.216***
	(0.091)	(0.000)	(0.626)	(0.000)
Indus/Year	控制	控制	控制	控制
N	11 212	11 212	11 212	11 212
$Adj - R^2$	0.025	0.068	0.114	0.295

注：***、**、*分别表示在1%、5%、10%统计水平上显著，括号内为P值。

从表6−5的回归结果来看，交互项A×B与非效率过度投资的回归系数为0.001，与非效率投资不足的回归系数为−0.000，且在统计上均不显著。这表明股东大会次数的增加对股权集中下控股股东股权比例提升抑制非效率过度投资无明显影响，对控股股东比例提升对非效率投资不足的促进作用也无明显影响，即股东大会召开次数的多寡，无法发挥预期的对控股股东股权上升产生不良经济后果的治理作用。交互项A×B与异常高派现的回归系数为0.022，且在统计上显著，与异常低派现的回归系数为0.002，但在统计上不显著。这表明股东大会召开次数的增加加剧了股权集中下控股股东股权比例提升带来的异常高派现，但对异常低派现无明显影响，即在高派现方面，中小股东与控股股东的利益一致，均明显倾向高派现的股利分配模式，这与预期存在较大差异。上述回归结果表明，股东大会召开作为公司治理机制指标，不但无法起到治理控股股东带来的非效率投资问题，还加剧了异常高派现行为，不能起到公司治理的作用。

现有文献认为，四大会计师事务所十分看重自身声誉，且自身综合实力卓越、业务能力强，有相当的实力和能力为审计客户的财务报表出具客观公允的审计意见，因此，四大会计师事务所等声誉较好的独立审计机构，一直被认为外部治理的重要市场力量，可以有效监督上市公司的行为，以按照符合会计报告准则规范的方式要求上市公司更改财务报告，给报告不规范的公司"非清洁"的审计意见，甚至主动与审计客户解除关系等方式，向市场传达有关上市公司的信息，以提醒广大中小投资者和债权人，识别上市公司的潜在风险，作出适当的经济决策。因此，本书首先选择四大会计师事务所审计这一指标作为公司治理机制的代理指标，检验公司治理机制的建立能否抑制控制权集中下控股股东存在的引发非效率投资和异常派现的不良经济后果。为检验四大会计师事务所审计这一外部公司治理指标的作用，本书将四大会计师事务所审计以及四大会计师事务所审计与控股股东控制权比例指标的交互项加入回归模型中，回归结果如表6-6所示。

表6-6   四大事务所审计作为公司治理机制发挥作用的回归结果

变量	OInv	UInv	AHD	ALD
	(1)	(2)	(3)	(4)
Erate	-0.012 ***	0.004 *	0.096 ***	-0.004
	(0.001)	(0.077)	(0.002)	(0.918)
Big4	-0.002	-0.008 ***	-0.061 *	-0.103
	(0.620)	(0.001)	(0.078)	(0.101)
Erate × Big4	-0.008	0.015 ***	0.045	0.150
	(0.330)	(0.003)	(0.521)	(0.213)
Size	0.001	-0.002 ***	0.004	-0.069 ***
	(0.266)	(0.000)	(0.223)	(0.000)
Age	-0.000 ***	-0.000 ***	-0.002 ***	0.011 ***
	(0.008)	(0.005)	(0.001)	(0.000)
Leve	0.014 ***	-0.009 ***	-0.100 ***	0.399 ***
	(0.000)	(0.000)	(0.000)	(0.000)

续表

变量	OInv	UInv	AHD	ALD
	(1)	(2)	(3)	(4)
Eps	− 0. 000	0. 004 ***	0. 102 ***	− 0. 411 ***
	(0. 820)	(0. 000)	(0. 000)	(0. 000)
ROA	0. 031 *	0. 019	0. 195	− 1. 085 ***
	(0. 082)	(0. 152)	(0. 132)	(0. 000)
BM	− 0. 002 ***	0. 001 ***	0. 014 ***	0. 011 *
	(0. 000)	(0. 000)	(0. 006)	(0. 099)
AOP	0. 008 ***	− 0. 014 ***	0. 033 *	− 0. 107 ***
	(0. 009)	(0. 004)	(0. 089)	(0. 000)
Fcf	− 0. 005	− 0. 034 ***	− 1. 124 ***	− 0. 159 ***
	(0. 250)	(0. 000)	(0. 000)	(0. 005)
STA	− 0. 004 ***	0. 001	− 0. 024 ***	− 0. 018 *
	(0. 000)	(0. 166)	(0. 001)	(0. 081)
截距	0. 004	0. 079 ***	− 0. 074	2. 180 ***
	(0. 671)	(0. 000)	(0. 339)	(0. 000)
Indus/Year	控制	控制	控制	控制
N	11 212	11 212	11 212	11 212
$Adj - R^2$	0. 021	0. 068	0. 114	0. 294

注: *** 、 ** 、 * 分别表示在1% 、5% 、10%统计水平上显著, 括号内为 P 值。

从表6 - 6 的回归结果来看, 交互项 A × B 与非效率过度投资的回归系数为 − 0. 008 , 且在统计上不显著, 与非效率投资不足的回归系数为 0. 015 , 且在统计上显著。这表明四大会计师事务所审计对股权集中下控股股东股权比例提升显著抑制非效率过度投资没有影响, 但显著增强了控股股东比例提升对非效率投资不足的促进作用, 即四大会计师事务所审计在抑制控股股东存在导致的非效率投资方面并未发挥治理作用, 反而有加剧的倾向。交互项 A × B 与异常高派现的回归系数为 0. 045 , 与异常低派现的回归系数为 0. 150 , 且在统计上均不显著。这表明四大会计师事务所审计对股权集中下控股股东股权比例提升带来的异常高派现和异常低派现均无明显影响, 即四大会计师事务所审计在抑制控股股东存在导致的非效率投资方面并未发挥治理作用。

上述回归结果表明，四大会计师事务所审计作为公司外部治理机制，并未发挥应有作用。

现有文献认为，随着经济发展水平的提高，市场化进程进一步加快，资本市场日渐成熟，市场准入条件和壁垒在多个行业和领域日益消散瓦解，市场监管越来越规范，公司之间的竞争日趋公正和激烈，这就有利于上市公司的各种经济行为回归理性，有助于上市公司的长远发展。因此，地区的市场化进程也是规范上市公司行为、倒逼上市公司注重长期利益、摒弃短视行为的重要外部治理力量。因此，本书首先选择市场化指数来衡量市场化进程，并以这一指标作为公司治理机制的代理指标，检验公司治理机制的建立能否抑制控制权集中下控股股东存在的引发非效率投资和异常派现的不良经济后果。为检验市场化进程这一公司治理指标的作用，本书将市场化进程以及市场化进程与控股股东控制权比例指标的交互项加入回归模型中，回归结果如表6-7所示。

表6-7　　　市场化进程作为公司治理机制发挥作用的回归结果

变量	OInv (1)	UInv (2)	AHD (3)	ALD (4)
Erate	-0.028*** (0.004)	0.008 (0.221)	0.071 (0.389)	0.097 (0.390)
Mark	-0.002*** (0.002)	0.000 (0.303)	0.002 (0.610)	-0.008 (0.174)
Erate×Mark	0.002* (0.063)	-0.000 (0.653)	0.005 (0.605)	-0.009 (0.437)
Size	-0.000 (0.976)	-0.002*** (0.000)	-0.002 (0.594)	-0.066*** (0.000)
Age	-0.000*** (0.006)	-0.000*** (0.004)	-0.001** (0.022)	0.010*** (0.000)
Leve	0.015*** (0.000)	-0.009*** (0.000)	-0.088*** (0.000)	0.377*** (0.000)
Eps	-0.001 (0.621)	0.004*** (0.000)	0.099*** (0.000)	-0.413*** (0.000)

变量	OInv	UInv	AHD	ALD
	（1）	（2）	（3）	（4）
ROA	0.035 *	0.025 *	0.287 **	− 1.166 ***
	（0.068）	（0.080）	（0.039）	（0.000）
BM	− 0.002 ***	0.001 ***	0.018 ***	0.006
	（0.003）	（0.000）	（0.000）	（0.385）
AOP	0.007 **	− 0.015 ***	0.043 *	− 0.104 ***
	（0.023）	（0.009）	（0.055）	（0.001）
Fcf	− 0.006	− 0.035 ***	− 1.159 ***	− 0.169 ***
	（0.193）	（0.000）	（0.000）	（0.006）
STA	− 0.004 ***	0.001	− 0.025 ***	− 0.018 *
	（0.000）	（0.101）	（0.001）	（0.083）
截距	0.032 ***	0.077 ***	0.037	2.083 ***
	（0.002）	（0.000）	（0.655）	（0.000）
Indus/Year	控制	控制	控制	控制
N	9 992	9 992	9 992	9 992
Adj − R^2	0.022	0.070	0.116	0.301

注：***、**、*分别表示在1%、5%、10%统计水平上显著，括号内为 P 值。

从表 6 - 7 的回归结果来看，交互项 A × B 与非效率过度投资的回归系数为 0.002，且在统计上显著，与非效率投资不足的回归系数为 − 0.000，但在统计上不显著。这表明市场化进程的提升对股权集中下进一步缓解了控股股东股权比例提升对非效率过度投资的抑制作用，但在控股股东比例提升对非效率投资不足的促进作用方面无影响，即市场化进程的提升，缓解了股权集中下控股股东对过度投资的厌恶程度，但对引发的非效率投资不足无能为力。交互项 A × B 与异常高派现的回归系数为 0.005，与异常低派现的回归系数为 − 0.009，且在统计上均不显著。这表明市场化进程的提升对股权集中下控股股东股权比例提升带来的异常高派现和异常低派现均无明显影响。上述回归结果表明，市场化进程作为公司外部治理机制指标，仅能一定程度上治理控股股东带来的非效率投资问题，但对异常派现行为无法发挥治理作用。

6.2.2 控制权分散下的治理机制作用

根据相关法律规定，为改善公司治理结构，上市公司必须引入足够数量的独立董事。现有文献证明了独立董事与企业业绩正相关，独立董事能够起到内部治理作用，对关联借款和其他能够损害中小股东权益的事项发表意见。因此，本书选择独立董事占比作为公司治理机制的代理指标，检验公司治理机制的建立能否抑制控制权分散下股东或者经理人引发的非效率投资和异常派现的不良经济后果。为检验独立董事占比这一内部公司治理指标的作用，本书将独立董事占比与董事长与总经理是否为同一人指标的交互项加入到回归模型中，回归结果如表 6 - 8 所示。从表 6 - 8 的回归结果来看，交互项与过度投资的回归系数为 - 0.003，在统计上并不显著，与非效率投资不足的回归系数为 0.006，在统计上也不显著。这表明，当上市公司独立董事占比较高时，在股权分散下，无法抑制董事长与总经理为同一人时企业的非效率投资行为和异常派现行为。交互项 A × B 与异常高派现的回归系数为 0.115，与异常低派现的回归系数为 - 0.005，且在统计上均不显著。这表明，即使上市公司独立董事占比较高，也不能抑制股权分散下董事长和总经理为同一人时上市公司的异常派现行为。这也表明，独立董事未发挥应有作用。

表 6 - 8　　　独立董事占比作为公司治理机制发挥作用的回归结果

变量	OInv	UInv	AHD	ALD
	（1）	（2）	（3）	（4）
Unify	0.003	- 0.001	- 0.053	0.003
	(0.651)	(0.795)	(0.237)	(0.962)
Irate	- 0.004	0.013 *	- 0.268 ***	0.446 ***
	(0.662)	(0.057)	(0.000)	(0.000)
Unify × Irate	- 0.003	0.006	0.115	- 0.005
	(0.852)	(0.682)	(0.326)	(0.978)
Size	0.001	- 0.006 ***	0.005	- 0.053 ***
	(0.460)	(0.000)	(0.215)	(0.000)
Age	- 0.000 ***	0.000 **	- 0.004 ***	0.014 ***
	(0.008)	(0.029)	(0.000)	(0.000)

变量	OInv	UInv	AHD	ALD
	(1)	(2)	(3)	(4)
Leve	0.017 ***	0.007	− 0.131 ***	0.341 ***
	(0.000)	(0.142)	(0.000)	(0.000)
Eps	0.001	0.002 **	0.082 ***	− 0.422 ***
	(0.458)	(0.047)	(0.000)	(0.000)
ROA	− 0.003	0.123 **	0.100	− 1.388 ***
	(0.883)	(0.018)	(0.517)	(0.000)
BM	− 0.004 ***	0.003 ***	0.019 ***	− 0.026 ***
	(0.000)	(0.000)	(0.009)	(0.007)
AOP	0.001	− 0.005	0.007	− 0.049 **
	(0.812)	(0.142)	(0.547)	(0.011)
Fcf	0.025	− 0.109 **	− 0.692 ***	− 0.226 ***
	(0.314)	(0.038)	(0.000)	(0.000)
STA	− 0.001	0.000	0.001	− 0.019 *
	(0.319)	(0.777)	(0.874)	(0.081)
截距	0.005	0.134 ***	0.035	1.742 ***
	(0.809)	(0.000)	(0.709)	(0.000)
Indus/Year	控制	控制	控制	控制
N	8 241	8 241	8 241	8 241
Adj − R²	0.010	0.130	0.084	0.324

注: *** 、 ** 、 * 分别表示在 1% 、 5% 、 10% 统计水平上显著, 括号内为 P 值。

现有文献认为, 董事会是代表公司行使其法人财产权的必要会议体机关, 是公司内部治理结构的核心, 董事会规模也会影响公司绩效。因此, 董事会规模能够作为治理机制的一种起到内部治理作用。本书选择董事会规模作为公司治理机制的代理指标, 检验公司治理机制的建立能否抑制控制权分散下股东或者经理人引发的非效率投资和异常派现的不良经济后果。为检验董事会规模这一内部公司治理指标的作用, 本书将董事会规模与董事长与总经理是否为同一人指标的交互项加入回归模型中, 回归结果如表 6 − 9 所示。从表 6 − 9 的回归结果来看, 交互项与过度投资的回归系数为 − 0.002, 在统计上并不显著, 与非效率投资不足的回归系数为 − 0.005, 在统计上也不显著。这表明，当上市公司有较大的董事会规模时，在股权分散下，无法抑制董事长与总经理为同一人时企业的非效率投资行为和异常派现行为。交互项 A × B 与异常高派现的回归系数为 – 0.031，与异常低派现的回归系数为 – 0.048，且在统计上均不显著。这表明，即使上市公司有较大的董事会规模，也不能抑制股权分散下董事长和总经理为同一人时上市公司的异常派现行为。这也表明，董事会规模未发挥应有作用。

表 6 – 9　　　　　董事会规模作为公司治理机制发挥作用的回归结果

变量	OInv	UInv	AHD	ALD
	（1）	（2）	（3）	（4）
Unify	0.005	0.011	0.055	0.101
	（0.586）	（0.263）	（0.485）	（0.346）
Bsize	0.008 ***	– 0.001	0.030	– 0.118 ***
	（0.004）	（0.691）	（0.101）	（0.000）
Unify × Bsize	– 0.002	– 0.005	– 0.031	– 0.048
	（0.737）	（0.289）	（0.400）	（0.345）
Size	0.000	– 0.006 ***	0.005	– 0.047 ***
	（0.753）	（0.000）	（0.306）	（0.000）
Age	– 0.000 **	0.000 **	– 0.004 ***	0.014 ***
	（0.012）	（0.029）	（0.000）	（0.000）
Leve	0.016 ***	0.007	– 0.130 ***	0.341 ***
	（0.000）	（0.145）	（0.000）	（0.000）
Eps	0.002	0.002 *	0.082 ***	– 0.426 ***
ROA	（0.364）	（0.052）	（0.000）	（0.000）
BM	– 0.005	0.123 **	0.107	– 1.363 ***
	（0.788）	（0.018）	（0.488）	（0.000）
AOP	– 0.004 ***	0.003 ***	0.018 ***	– 0.025 ***
	（0.000）	（0.000）	（0.010）	（0.008）
Fcf	0.001	– 0.005	0.009	– 0.055 ***
	（0.778）	（0.131）	（0.448）	（0.004）
STA	0.025	– 0.109 **	– 0.690 ***	– 0.230 ***
	（0.314）	（0.038）	（0.000）	（0.000）

续表

变量	OInv	UInv	AHD	ALD
	（1）	（2）	（3）	（4）
截距	-0.002 (0.138)	0.000 (0.758)	0.001 (0.881)	-0.012 (0.272)
Indus/Year	-0.006 (0.727)	0.139*** (0.000)	-0.114 (0.224)	2.049*** (0.000)
N	控制	控制	控制	控制
Adj - R²	8 241	8 241	8 241	8 241

注：***、**、*分别表示在1%、5%、10%统计水平上显著，括号内为P值。

现有文献认为，股权制衡能够避免大股东对上市公司进行的利益攫取行为，股权制衡作为上市公司的一种内部治理机制能够起到制衡作用，抑制大股东的私利行为。因此，股权制衡能够作为治理机制的一种起到内部治理作用。本书选择股权制衡程度作为公司治理机制的代理指标，检验公司治理机制的建立能否抑制控制权分散下股东或者经理人引发的非效率投资和异常派现的不良经济后果。为检验股权制衡这一内部公司治理指标的作用，本书将股权制衡及董事长与总经理是否为同一人指标的交互项加入到回归模型中，回归结果如表6-10所示。从表6-10的回归结果来看，交互项与过度投资的回归系数为0.001，在统计上并不显著，与非效率投资不足的回归系数为0.007，在统计上也不显著。这表明，当上市公司进行股权制衡时，在股权分散下，无法抑制董事长与总经理为同一人时企业的非效率投资行为和异常派现行为。交互项 A×B 与异常高派现的回归系数为 -0.005，与异常低派现的回归系数为 -0.001，且在统计上均不显著。这表明，即使上市公司股权制衡，也不能抑制股权分散下董事长和总经理为同一人时上市公司的异常派现行为。这也表明，股权制衡未发挥应有作用。

表6-10 　　　　　　　股权制衡作为公司治理机制发挥作用的回归结果

变量	OInv	UInv	AHD	ALD
	（1）	（2）	（3）	（4）
Unify	0.003 (0.113)	-0.001 (0.723)	-0.005 (0.658)	0.006 (0.737)
Balan	0.001** (0.026)	-0.001*** (0.000)	-0.001 (0.865)	-0.006 (0.323)

续表

变量	OInv	UInv	AHD	ALD
	(1)	(2)	(3)	(4)
$Unify \times Balan$	−0.001	0.001	−0.005	−0.001
	(0.475)	(0.166)	(0.508)	(0.938)
$Size$	0.001	−0.006***	0.005	−0.053***
	(0.481)	(0.000)	(0.227)	(0.000)
Age	−0.000**	0.000**	−0.004***	0.014***
	(0.018)	(0.036)	(0.000)	(0.000)
$Leve$	0.017***	0.006	−0.129***	0.337***
	(0.000)	(0.200)	(0.000)	(0.000)
Eps	0.001	0.003**	0.082***	−0.418***
	(0.491)	(0.036)	(0.000)	(0.000)
ROA	−0.003	0.120**	0.113	−1.425***
	(0.860)	(0.020)	(0.461)	(0.000)
BM	−0.004***	0.003***	0.018**	−0.026***
	(0.000)	(0.000)	(0.011)	(0.008)
AOP	0.002	−0.006*	0.009	−0.056***
	(0.700)	(0.084)	(0.455)	(0.003)
Fcf	0.025	−0.109**	−0.691***	−0.230***
	(0.318)	(0.037)	(0.000)	(0.000)
STA	−0.001	−0.000	0.004	−0.022**
	(0.344)	(0.998)	(0.636)	(0.038)
截距	0.001	0.140***	−0.055	1.921***
	(0.941)	(0.000)	(0.538)	(0.000)
$Indus/Year$	控制	控制	控制	控制
N	8 280	8 280	8 280	8 280
$Adj-R^2$	0.010	0.129	0.082	0.322

注：***、**、*分别表示在1%、5%、10%统计水平上显著，括号内为P值。

现有文献认为，上市公司的股东大会作为治理机制的重要一环能够起到内部治理的作用。因此，本书首先选择上市公司股东大会次数作为公司治理机制的代理指标，检验公司治理机制的建立能否抑制控制权分散下股东或者管理者引发的非效率投资和异常派现的不良经济后果。为检验股东大会次数这一公司治理指标的作用，本书将股东大会次数指标以及董事长与总经理是否为同一人指标的交互项加入到回归模型中，回归结果如表 6 - 11 所示。从表 6 - 11 的回归结果来看，交互项与过度投资的回归系数为 - 0.000，在统计上并不显著，与非效率投资不足的回归系数为 0.000，在统计上也不显著。这表明，股东大会会议次数的增加，在股权分散下，无法抑制董事长与总经理为同一人时企业的非效率投资行为和异常派现行为。交互项 A × B 与异常高派现的回归系数为 0.002，与异常低派现的回归系数为 - 0.002，且在统计上均不显著。这表明，股东大会会议次数的增多，不能抑制股权分散下董事长和总经理为同一人时上市公司的异常派现行为。这也表明，股东大会会议次数的增加未发挥应有作用。

表 6 - 11　　股东大会会议次数作为公司治理机制发挥作用的回归结果

变量	OInv	UInv	AHD	ALD
	(1)	(2)	(3)	(4)
Unify	0.003	0.001	- 0.020	0.012
	(0.108)	(0.565)	(0.190)	(0.563)
Gmnu	0.002 ***	- 0.000	- 0.007 ***	0.021 ***
	(0.000)	(0.107)	(0.001)	(0.000)
Unify × Gmnu	- 0.000	0.000	0.002	- 0.002
	(0.427)	(0.917)	(0.531)	(0.667)
Size	0.000	- 0.006 ***	0.007	- 0.059 ***
	(0.876)	(0.000)	(0.114)	(0.000)
Age	- 0.000 **	0.000 **	- 0.004 ***	0.014 ***
	(0.022)	(0.029)	(0.000)	(0.000)
Leve	0.014 ***	0.007	- 0.118 ***	0.305 ***
	(0.001)	(0.151)	(0.000)	(0.000)
Eps	0.002	0.002 *	0.080 ***	- 0.412 ***
	(0.305)	(0.055)	(0.000)	(0.000)
ROA	- 0.006	0.121 **	0.126	- 1.467 ***
	(0.748)	(0.020)	(0.416)	(0.000)

续表

变量	OInv (1)	UInv (2)	AHD (3)	ALD (4)
BM	-0.004 *** (0.000)	0.003 *** (0.000)	0.018 *** (0.009)	-0.027 *** (0.006)
AOP	0.002 (0.709)	-0.005 * (0.091)	0.009 (0.468)	-0.054 *** (0.004)
Fcf	0.027 (0.277)	-0.109 ** (0.037)	-0.701 *** (0.000)	-0.194 *** (0.000)
STA	-0.000 (0.737)	-0.000 (0.930)	0.001 (0.933)	-0.012 (0.270)
截距	0.008 (0.651)	0.137 *** (0.000)	-0.074 (0.414)	1.986 *** (0.000)
Indus/Year	控制	控制	控制	控制
N	8 280	8 280	8 280	8 280
$Adj-R^2$	0.014	0.128	0.084	0.327

注: *** 、** 、* 分别表示在1%、5%、10%统计水平上显著,括号内为P值。

现有文献认为,审计师事务所能够起到较好的治理作用,而国际四大审计师事务所代表着较高的审计质量,能够完善企业的外部治理机制。当上市公司选择国际四大审计师事务所作为外部审计机构时,意味着企业的内部治理机制更加完善、规范。因此,本书选择国际四大审计师事务所作为公司治理机制的代理指标,检验公司治理机制的建立能否抑制控制权分散下股东或者管理者引发的非效率投资和异常派现的不良经济后果。为检验国际四大审计师事务所这一外部公司治理指标的作用,本书将国际四大审计师事务所以及董事长与总经理是否为同一人指标的交互项加入到回归模型中,回归结果如表6-12所示。从表6-12的回归结果来看,交互项与过度投资的回归系数为0.001,在统计上并不显著,与非效率投资不足的回归系数为0.007,在统计上也不显著。这表明,当上市公司选择的审计师事务所为国际四大审计师事务所时,在股权分散下,无法抑制董事长与总经理为同一人时企业的非效率投资行为和异常派现行为。交互项 A×B 与异常高派现的回归系数为0.037,与异常低派现的回归系数为-0.025,且在统计上均不显著。这表明,即使上市公司选择国际四大审计师事务所进行审计,也不能抑制股权分散下董事长和总经理为同一人时上市公司的异常派现行为。这也表明，外部审计未发挥应有作用。

表 6 – 12   四大事务所作为公司治理机制发挥作用的回归结果

变量	OInv	UInv	AHD	ALD
	（1）	（2）	（3）	（4）
Unify	0.002 *	0.001	− 0.013 *	0.005
	(0.081)	(0.351)	(0.095)	(0.618)
Big4	− 0.002	0.003 **	− 0.028	− 0.028
	(0.343)	(0.042)	(0.202)	(0.346)
Unify × Big4	0.001	0.007	0.037	− 0.025
	(0.868)	(0.128)	(0.565)	(0.794)
Size	0.001	− 0.006 ***	0.006	− 0.052 ***
	(0.421)	(0.000)	(0.182)	(0.000)
Age	− 0.000 ***	0.000 **	− 0.004 ***	0.014 ***
	(0.007)	(0.027)	(0.000)	(0.000)
Leve	0.017 ***	0.006	− 0.130 ***	0.339 ***
	(0.000)	(0.176)	(0.000)	(0.000)
Eps	0.001	0.002 *	0.082 ***	− 0.418 ***
	(0.449)	(0.055)	(0.000)	(0.000)
ROA	− 0.003	0.121 **	0.114	− 1.431 ***
	(0.870)	(0.019)	(0.456)	(0.000)
BM	− 0.004 ***	0.003 ***	0.018 **	− 0.026 ***
	(0.000)	(0.000)	(0.011)	(0.007)
AOP	0.001	− 0.005	0.007	− 0.057 ***
	(0.745)	(0.111)	(0.534)	(0.003)
Fcf	0.025	− 0.109 **	− 0.690 ***	− 0.227 ***
	(0.323)	(0.037)	(0.000)	(0.000)
STA	− 0.001	0.000	0.004	− 0.022 **
	(0.299)	(0.947)	(0.628)	(0.045)
截距	0.001	0.143 ***	− 0.071	1.887 ***
	(0.940)	(0.000)	(0.447)	(0.000)
Indus/Year	控制	控制	控制	控制
N	8 280	8 280	8 280	8 280
$Adj - R^2$	0.010	0.129	0.083	0.322

注：***、**、*分别表示在1%、5%、10%统计水平上显著，括号内为P值。

现有文献认为，市场化能够起到较好的治理作用，市场化程度越高企业信息不对称越少，越能够抑制上市公司的非理性投资行为和异常派现行为。市场化进程是上市公司制度环境的重要组成部分，影响着上市公司的治理水平。在市场化程度较高的地区，政府对企业的干预较少，具有良好的法治水平和健全的产品市场，促使市场发挥资源配置效率，让企业按照市场规则进行公平竞争。因此，市场化程度较高的地区对投资者的保护力度较强，能够起到外部治理作用，促使上市公司公平竞争，减少盈余管理等行为。本书选择市场化程度作为公司治理机制的代理指标，检验公司治理机制的建立能否抑制控制权集中下控股股东引发的非效率投资和异常派现的不良经济后果。为检验市场化这一外部公司治理指标的作用，本书将市场化程度以及董事长与总经理是否为同一人指标的交互项加入到回归模型中，回归结果如表6-13所示。从表6-13的回归结果来看，交互项与过度投资的回归系数为0.002，在10%的水平上显著，表明地区的市场化程度确实能够抑制上市公司的过度投资行为。与非效率投资不足的回归系数为-0.000，在统计上不显著。交互项A×B与异常高派现的回归系数为0.005，与异常低派现的回归系数为-0.009，且在统计上均不显著。这表明，即使上市公司所在地区市场化程度比较高，也不能抑制股权分散下董事长和总经理为同一人时上市公司的异常派现行为。

表6-13　　　市场化指数作为公司治理机制发挥作用的回归结果

变量	OInv (1)	UInv (2)	AHD (3)	ALD (4)
Unify	-0.028*** (0.004)	0.008 (0.221)	0.071 (0.389)	0.097 (0.390)
Mark	-0.002*** (0.002)	0.000 (0.303)	0.002 (0.610)	-0.008 (0.174)
Unify×Mark	0.002* (0.063)	-0.000 (0.653)	0.005 (0.605)	-0.009 (0.437)
Size	-0.000 (0.976)	-0.002*** (0.000)	-0.002 (0.594)	-0.066*** (0.000)
Age	-0.000*** (0.006)	-0.000*** (0.004)	-0.001** (0.022)	0.010*** (0.000)

变量	OInv	UInv	AHD	ALD
	(1)	(2)	(3)	(4)
Leve	0.015 ***	− 0.009 ***	− 0.088 ***	0.377 ***
	(0.000)	(0.000)	(0.000)	(0.000)
Eps	− 0.001	0.004 ***	0.099 ***	− 0.413 ***
	(0.621)	(0.000)	(0.000)	(0.000)
ROA	0.035 *	0.025 *	0.287 **	− 1.166 ***
	(0.068)	(0.080)	(0.039)	(0.000)
BM	− 0.002 ***	0.001 ***	0.018 ***	0.006
	(0.003)	(0.000)	(0.000)	(0.385)
AOP	0.007 **	− 0.015 ***	0.043 *	− 0.104 ***
	(0.023)	(0.009)	(0.055)	(0.001)
Fcf	− 0.006	− 0.035 ***	− 1.159 ***	− 0.169 ***
	(0.193)	(0.000)	(0.000)	(0.006)
STA	− 0.004 ***	0.001	− 0.025 ***	− 0.018 *
	(0.000)	(0.101)	(0.001)	(0.083)
截距	0.032 ***	0.077 ***	0.037	2.083 ***
	(0.002)	(0.000)	(0.655)	(0.000)
Indus/Year	控制	控制	控制	控制
N	9 992	9 992	9 992	9 992

注：*** 、** 、* 分别表示在1%、5%、10%统计水平上显著，括号内为 P 值。

6.3 结 论

根据以上分析，选取一些内外部公司治理指标来探讨内外部公司治理机制对企业异常派现和非效率投资的抑制作用，并进行了一系列检验，本书选取的公司治理指标主要包括内部治理指标：独立董事占比、董事会规模、股权制衡、股东大会会议次数；外部公司治理指标：市场化指数、四大审计师事务所。通过将上述公司治理指标加入回归模型中，根据回归结果探究不同的治理机制在上市公司现金股利发放和投资效率方面起到的作用，并进一步对比不同股权结构下治理机制所产生的治理效果。

　　根据实证检验得知，对于股权结构较为集中的企业来说，独立董事占比的提高对于控股股东股权比例提升抑制过度投资没有显著影响，但加剧了控股股东比例提升导致的非效率投资不足。即独立董事占比提升，不仅没有起到抑制控股股东的非效率投资行为，反而加剧了控股股东的非效率投资行为。独立董事占比的提高，既不能抑制控股股东股权比例提升带来的异常高派现，也对异常低派现无显著影响。独立董事占比的提升并没有起到内部治理效果。董事会规模的提高无法抑制控股股东股权比例提升导致的过度投资，但显著削弱了控股股东比例提升导致的非效率投资。董事会规模增大，虽然不能抑制控股股东的过度投资行为，但是能够抑制非效率投资行为；同时，董事会规模的扩大既不能抑制控股股东股权比例提升带来的异常高派现，也对异常低派现无明显影响。董事会规模这一内部治理机制能够起到抑制企业非效率投资行为的作用，但无法对异常股利派现行为产生影响。股权制衡能够加剧控股股东股权比例提升对过度投资的抑制作用，也显著削弱了控股股东股权比例提升对投资不足的促进作用。同时股权制衡的存在，加剧了控股股东股权比例提升带来的异常高派现，但对异常低派现无显著影响。股权制衡作为一种内部治理机制，能够有效治理控股股东带来的非效率投资问题，但治理效果有限，甚至可能出现合谋现象，共同追求高股利。股东大会无法发挥预期，对控股股东股权上升产生不良经济后果发挥有效的治理作用。股东大会召开次数的增加，加剧了控股股东股权比例提升带来的异常高派现，但对异常低派现无明显影响。即股东大会召开作为一种内部治理机制无法发挥相应的治理效果，甚至成为股东派发异常高股利、攫取中小股东利益的工具。国际四大审计师事务所作为一种外部治理机制，无论是在抑制控股股东存在的导致非效率投资方面，还是在抑制控股股东股权比例提升带来的异常派现方面均未发挥有效的治理作用。市场化进程作为一种外部治理机制能够加强股权集中下控股股东的过度投资行为，但无法改善其引发的投资不足行为。同时，市场化进程的提升，对控股股东股权比例提升带来的异常高派现和异常低派现均无明显影响。市场化进程仅能在一定程度上治理控股股东带来的非效率投资问题，对异常派现行为无法发挥治理作用。

　　对于股权结构较为分散的企业来说，当董事长和总经理为一人时，即使上市公司独立董事占比较高，也无法抑制企业的非效率投资行为和异常派现行为。独立董事难以发挥有效的治理效果。较大的董事会规模也无法抑制企业的非效率投资行为和异常派现行为，董事会也未发挥相应的治理作用。在股权分散的企业，股东持股较少，股权制衡的治理能力有限，难以对企业的非效率投资行为和异常派现行为产生治理效果。股东大会作为一种内部治理机制，也不能抑制股权分散时上市公司的非效率投资和异常派现行为。股东大会会议次数的增加也难以发挥公司治理作用。国际四大审计师事务所作为一种外部治理机制，无法对上市公司的非效率投资和异常派现行为产生有效的治理效果。即使外部审计机构为国际四大审计师事务所也无法抑制上市公司的非效率投资行为和异常派现行为。市场化程度作为一种外部治理机制能够起到抑制上市公司过度投资行为的作用，但无法抑制企业的异常派现行为，这表明市场化程度能够起到有限的治理效果。

综上分析，对于股权结构较为集中的上市公司，董事会规模能够起到抑制企业非效率投资的作用；股权制衡在非效率投资方面能够起到较好的治理效果，但也存在着多个大股东合谋，通过异常高派现等方式攫取公司利益的风险；市场化进程作为外部治理机制的指标能够加强股权集中下控股股东的过度投资行为。对于股权结构较为分散的上市公司，市场化程度能够起到抑制上市公司过度投资行为的作用。除此之外的公司治理指标均难以发挥有效的作用，难以起到治理的效果。

| 7 |

研究结论与展望

近年来，证监会对上市公司股利政策越来越重视。中国上市公司的股利政策是一种半强制股利政策，受到证监会监管政策的影响。证监会对上市公司股利政策的重视程度不断增加，并将之提高到"上市公司现金分红是实现投资者投资回报的重要形式，对于培育资本市场长期投资理念，增强资本市场的吸引力和活力，具有十分重要的作用。"

第一，本书对相关文献进行了综述。第二，给出了股利政策的制度背景，并进行了迎合理论的拓展分析。第三，在划分内部人控制模式的基础上，本书实证研究了不同内部人控制模式企业的异常派现行为，并进一步分析了股权质押、生命周期阶段等可能对企业异常派现行为的影响。第四，在股权集中、分散、所有权下降及两权分离情况下，本书实证检验了企业在异常派现与非效率投资之间的相机抉择，并进一步分析了企业性质、外部监督机制、内部治理机制等可能对企业在异常派现与非效率投资之间相机抉择的影响。第五，通过选取一些内部治理指标和外部公司治理指标，探讨内外部公司治理机制对企业异常派现和非效率投资的抑制作用，实证检验了现金股利与投资机制的有效性。

7.1　研究结论

本书主要研究结论如下。

（1）迎合理论的拓展分析。

迎合理论对大股东股利需求关注不足，且对异常派现行为和非效率投资缺乏关注。在股权集中的条件下，控股股东拥有控制权，可能会根据异常派现（异常高派现和异常低派现）与非效率投资（过度投资和投资不足）的相机抉择，选择有利于自己的股利和投资行为，牟取最大化私利，损害公司和外部投资者利益，异常派现或非效率投资成为迎合控股股东利益的工具。在股权分散的条件下，不存在明显的控股股东，管理者不拥有或较少拥有公司的股权，难以通过现金股利获取足够的现金回报，非效率投资将成为管理者牟取私利的重要途径，会损害公司和外部投资者利益，非效率投资成为迎合管理者私利的工具。

（2）上市公司异常派现的迎合激励检验。

中国上市公司的现金股利水平普遍偏低，进行异常低派现的企业占到总样本数的一半以上，同时还有部分企业进行超额派现。在强势和半强势股东控制的企业中，强势股东会进行异常高派现来迎合自己的利益；在强势、半强势以及弱势股东控制的企业中，相比于强势和半强势股东来说，弱势股东不会进行异常高派现，更愿意进行异常低派现，异常低派现更能够迎合弱势股东的利益；在全样本中，与股东控制的企业相比，管理者控制的企业不会进行异常高派现，更愿意进行异常低派现，异常低派现更能迎合经理的利益。

在进一步分析了大股东在进行股权质押后上市公司的异常派现行为，发现弱势股东和管理者在进行了股权质押后进行异常低派现的意愿更强烈。随着股权质押比例的上升，为了避免控制权转移的风险，股东更愿意进行异常低派现。企业发展的不同生命周期阶段也会进行不同的异常派现行为来迎合企业控制人的利益。在企业的成长期和成熟期，为了企业的稳定发展，上市公司不会进行异常高派现和异常低派现；到了企业的衰退期，企业的实际控制人为了自己的利益会进行异常高派现也会进行异常低派现。强势和半强势股东控制的企业，在企业的成长期和成熟期能够抑制强势股东的异常高派现行为；而在企业的衰退期强势股东控制的企业会加强其异常高派现行为，也会进行异常低派现来迎合自己的利益。弱势股东在企业的成长期和成熟期不愿意进行异常高派现，同时也会抑制企业的异常低派现行为。在衰退期，弱势股东与异常高派现之间的负向关系得到抑制，弱势股东与异常低派现之间的正向关系得到加强。在管理者控制的企业中，成长期和成熟期，能够加强经理与异常高派现之间的负向关系，也会抑制经理的异常低派现行为。在衰退期，经理与异常低派现之间的正向关系得到加强，经理与异常高派现之间的负向关系得到抑制。

（3）异常派现与非效率投资的迎合激励检验。

对于处于不同控制模式的上市公司，内部人（实际控制人或管理者）在满足自身利益诉求时，在异常派现与非效率投资之间相机抉择。当上市公司属于强式股东控制模式时，实际控制人会采取异常高派现和非效率低投资的侵占组合来迎合自身的利益诉求。当上市公司属于强式管理者控制模式时，管理者会采取异常低派现的侵占方式来迎合自身的利益诉求，但没有证据表明该种控制模式下，上市公司会进行更多的非效率投资。而随着实际控制人所有权和控制权的下降，实际控制人会将异常高派现和非效率低投资的侵占组合逐步转为异常低派现和非效率高投资的侵占组合，表现出显著的相机抉择特征。具体表现为：当实际控制人的控制力较强而所有权有所下降，使控制模式由强式股东控制转为半强式股东控制，上市公司在派现方面没有显著转变，但非效率投资水平显著增加，表现为过度投资水平的增加和投资不足水平的下降；当实际控制人的所有权和控制权均下降，但所有权下降幅度更大，使控制模式由强式或半强式股东控制转为弱式股东控制时，上市公司的派现倾向显著下降，由异常高派现转为异常低派现，而非效率投资水平显著增强，由非效率低投资转为非效率高投资。

通过进一步分析，发现内部人（实际控制人或管理者）在非效率投资与异常派现之间的抉择行为在国企与非国企之间存在明显差异，国有企业性质会弱化内部人的抉择行为特征。此外，外部监督机制包括市场化程度的提升以及四大审计师事务所的审计，内部治理机制包括独立董事占比的提高以及内部控制质量的提升，在不同程度上起到了抑制内部人通过非效率投资和异常派现的侵占组合迎合自身利益需求的行为，但也在某些方面起到了推动作用。因此，在理清上市公司不同控制模式下，异常派现与非效率投资出现的内在动因和形式后，应当从内外部的监督和治理机制入手，针对性地解决和抑制不同控制模式下内部人的私利行为，为广大中小投资者和股东创造更好的投资环境。

（4）现金股利与投资机制有效性检验。

对于股权结构较为集中的企业来说，独立董事占比的提高对于控股股东股权比例提升抑制过度投资没有显著影响，但加剧了控股股东比例提升导致的非效率投资不足。独立董事占比的提高，既不能抑制控股股东股权比例提升带来的异常高派现，也对异常低派现无显著影响。独立董事占比的提升并没有起到内部治理效果。董事会规模的提高无法抑制控股股东股权比例提升导致的过度投资，但显著削弱了控股股东比例提升导致的非效率投资。同时董事会规模的扩大既不能抑制控股股东股权比例提升带来的异常高派现，也对异常低派现无明显影响。董事会规模这一内部治理机制能够起到抑制企业非效率投资行为的作用，但无法对异常股利派现行为产生影响。股权制衡能够加剧控股股东股权比例提升对过度投资的抑制作用，也显著削弱了控股股东股权比例提升对投资不足的促进作用。同时也加剧了控股股东股权比例提升带来的异常高派现，但对异常低派现无显著影响。股东大会无法对控股股东股权上升产生的不良经济后果发挥有效的治理作用。股东大会召开次数的增加，加剧了控股股东股权比例提升带来的异常高派现，但对异常低派现无明显影响。国际四大审计师事务所作为一种外部治理机制，无论是在抑制控股股东存在的导致非效率投资方面，还是在抑制控股股东股权比例提升带来的异常派现方面，均未发挥有效的治理作用。市场化进程作为一种外部治理机制能够加强股权集中下控股股东的过度投资行为，但无法改善其引发的投资不足行为。同时市场化进程的提升，对控股股东股权比例提升带来的异常高派现和异常低派现均无明显影响。

对于股权结构较为分散的企业来说，当董事长和总经理为一人时，即使上市公司独立董事占比较高，也无法抑制企业的非效率投资行为和异常派现行为。独立董事难以发挥有效的治理效果。较大的董事会规模也无法抑制企业的非效率投资行为和异常派现行为，董事会也未发挥相应的治理作用。股东持股较少，股权制衡的治理能力有限，难以对企业的非效率投资行为和异常派现行为产生治理效果。股东大会作为一种内部治理机制，也不能抑制股权分散时上市公司的非效率投资和异常派现行为。股东大会会议次数的增加也难以发挥公司治理作用。国际四大审计师事务所作为一种外部治理机制，无法对上市公司的非效率投资和异常派现行为产生有效的治理效果。即使外部审计机构为国际四大审计师事务所也无法抑制上市公司的非效率投资行为和异常派现行为。市场化程度作为一种外部治理机制能够起到抑制上市公司过度投资行为的作用，但无法抑制企业的异常派现行为，这表明市场化程度能够起到有限的治理效果。

7.2　研究不足与展望

7.2.1　研究不足

现有的股利政策理论，如税收客户效应、信号模型、代理成本理论、自由现金流假设以及近年来逐渐兴起的行为金融模型相关股利理论（如迎合理论）等，都试图解决股利问题，却没有一个理论能够得到一致的结论。上市公司发放现金股利无论是因为迎合大股东或管理者利益等内部因素，还是因为满足投资者、风险和监管等外部因素，都会影响到企业的现金股利行为，而这些现实因素迎合理论都没有涉及。本书对迎合理论进行了拓展，但仍需进一步完善。

7.2.2　研究展望

（1）本书归纳出中国上市公司现有股利与投资行为方面存在的问题，并根据中国上市公司的实际情况，构建了有效的现金股利与投资效率治理机制。在今后通过扩大董事会规模、积极进行大股东和中小股东之间的股权制衡、完善地区市场化进程，让市场这只"无形的手"代替政府发挥作用。通过这些方式使公司治理发挥更有效的作用，为中小股东营造更公平、更透明的投资环境，维护中小股东的利益。

（2）本书对于不同股权模式下上市公司的非效率投资和异常派现进行了深入分析，为加强企业这部分的监管、完善公司内部治理机制、约束大股东的自利行为提供了方向。本书主要集中于从企业股权结构的角度分析上市公司的非效率投资行为和异常派现行为。在未来的研究中也可以考虑上市公司实际控制人的个人特征对企业的影响，如风险偏好型管理者是否更倾向于进行过度投资和异常高派现、风险厌恶型管理者是否更愿意减少投资行为导致投资不足和异常低派现、上市公司的股利分配行为和非效率投资行为是否出于实际控制人的关联交易动机等，未来可以进行进一步研究。

参 考 文 献

[1] 白重恩，刘俏，陆洲，宋敏，张俊喜. 中国上市公司治理结构的实证研究 [J]. 经济研究，2005 (2)：81 - 91.

[2] 曹裕. 产品市场竞争、控股股东倾向和公司现金股利政策 [J]. 中国管理科学，2014 (3)：141 - 148.

[3] 曹裕，陈晓红，万光羽. 控制权、现金流权与公司价值——基于企业生命周期的视角 [J]. 中国管理科学，2010 (6)：185 - 192.

[4] 陈信元，陈冬华，时旭. 公司治理与现金股利：基于佛山照明的案例研究 [J]. 管理世界，2003 (8)：118 - 126，151 - 154.

[5] 陈信元，汪辉. 股东制衡与公司价值：模型及经验证据. 数量经济技术经济研究，2004 (11)：102 - 110.

[6] 陈艳，李鑫，李孟顺. 现金股利迎合、再融资需求与企业投资——投资效率视角下的半强制分红政策有效性研究 [J]. 会计研究，2015 (11)：69 - 75.

[7] 陈振华，马永开. 现金股利政策与上市公司代理成本实证研究 [J]. 华东经济管理，2005 (11)：64 - 68.

[8] 陈资灿. 股权分置的本质、缺陷及其治理 [J]. 财经科学，2005 (6)：19 - 25.

[9] 陈资灿. 股权分置改革的经济学分析 [J]. 中南财经政法大学学报，2008 (2)：50 - 54，143.

[10] 程仲鸣. 终极控制人、隧道行为与企业投资——来自我国资本市场的经验证据 [J]. 南京财经大学学报，2011 (1)：40 - 47.

[11] 戴璐，孙茂竹. 控股股东对上市公司价值的影响——基于大股东实际控制度的评价 [J]. 中国会计评论，2005 (1).

［12］邓建平，曾勇. 上市公司家族控制与股利决策研究［J］. 管理世界，2005（7）：139－147.

［13］董黎明. 浅析上市公司异常派现［J］. 财会月刊，2004（B10）：55－56.

［14］窦炜. 股权集中、控制权配置与公司非效率投资行为——兼论大股东的监督抑或合谋？［J］. 管理科学学报，2011（11）：81－96.

［15］杜建华. 终极股东两权分离、投资者保护与过度投资［J］. 软科学，2014（7）：72－75.

［16］杜沔，顾亮. 大股东持投比例和公司绩效的因果关系研究——基于我国上市公司面板数据的格兰杰因果检验［J］. 预测，2010（3）：51－54.

［17］段培阳. 2002年上市公司高派现现象研究［J］. 金融与经济，2002（7）：5－7.

［18］范英杰. 独立董事制度的理性思考——基于道德的视角［J］. 会计研究，2006（6）：22－27，96.

［19］方红星，金玉娜. 公司治理、内部控制与非效率投资：理论分析与经验证据［J］. 会计研究，2013（7）：63－69，97.

［20］冯根福. 双重委托代理理论：上市公司治理的另一种分析框架——兼论进一步完善中国上市公司治理的新思路［J］. 经济研究，2004（12）：16－25.

［21］冯旭南，李心愉. 终极所有权和控制权的分离：来自中国上市公司的证据［J］. 经济科学，2009（2）：84－97.

［22］葛蓉蓉. 股权结构对公司治理影响的状态依存性［J］. 金融研究，2006（7）：151－156.

［23］谷祺，邓德强，路倩. 现金流权与控制权分离下的公司价值——基于我国家族上市公司的实证研究［J］. 会计研究，2006（4）：30－36，94.

［24］韩德宗，叶春华. 控制权收益的理论与实证研究［J］. 统计研究，2004（2）：42－46.

［25］韩雪. 政府干预、产权性质与现金股利决策——基于地方财政压力与金字塔层级的检验［J］. 山西财经大学学报，2016（4）：87－100.

［26］郝项超，梁琪.最终控制人股权质押损害公司价值么？［J］.会计研究.2009（7）：57－63.

［27］何丹，朱建军.股权分置、控制权私人收益与控股股东融资成本［J］.会计研究，2006（5）：50－57，96.

［28］贺建刚，刘峰.大股东控制、利益输送与投资者保护——基于上市公司资产收购关联交易的实证研究［C］.上海财经大学会计与财务研究院.公司财务研讨会论文集.2004：67－86.

［29］侯晓红，姜蕴芝.不同公司治理强度下的股权激励与真实盈余管理——兼论市场化进程的保护作用［J］.经济与管理，2015（1）：66－73.

［30］黄海杰，吕长江，丁慧.独立董事声誉与盈余质量——会计专业独董的视角［J］.管理世界，2016（3）：128－143.

［31］黄宏斌，翟淑萍.企业生命周期、融资方式与融资约束——基于投资者情绪调节效应的研究［J］.金融研究.2016（7）：96－112.

［32］黄娟娟，沈艺峰.上市公司的股利政策究竟迎合了谁的需要——来自中国上市公司的经验数据［J］.会计研究，2007（8）：36－43.

［33］黄珺，潘美霞.独立董事制度有效性与控股股东关联交易——来自深交所制造业上市公司的经验数据［J］.财经理论与实践，2010（1）：47－51.

［34］黄渝祥，孙艳，邵颖红，王树娟.股权制衡与公司治理研究［J］.同济大学学报，2003（9）：1102－1106.

［35］黄志忠.股权比例、大股东"掏空"策略与全流通［J］.南开管理评论，2006（9）：58－65.

［36］计小青，曹啸.中国转轨时期的法律体系与投资者保护：一个比较的视角［J］.科研管理，2007（5）：114－122.

［37］冀志斌.股权结构与代理问题：一个新的分析框架［J］.中南财经政法大学学报，2006（1）：73－77.

［38］蒋国洲.中国上市公司中小投资者保护研究［D］.四川大学博士学位论文，2005.

［39］焦健，刘银国，张琛，等.国企分红、过度投资与企业绩效——基于沪深两市国有控股上市公司的面板数据分析［J］.经济与管理研究，

2014（4）：104 – 112.

[40] 靳庆鲁，侯青川，李刚，等．放松卖空管制、公司投资决策与期权价值 [J]．经济研究，2015（10）：76 – 88.

[41] 孔东民，冯曦．股利政策与公司过度投资行为研究 [J]．投资研究，2012（6）：29 – 44.

[42] 郎咸平．公司治理 [M]．北京：社会科学文献出版社，2004.

[43] 雷光勇，刘慧龙．控股股东性质、利益输送与盈余管理幅度——来自中国 A 股公司首次亏损年度的经验证据 [J]．中国工业经济，2007（8）：90 – 97.

[44] 李常青，魏志华，吴世农．半强制分红政策的市场反应研究 [J]．经济研究，2010（3）：144 – 155.

[45] 李常青，张凤展，王毅辉．浅议股利迎合理论 [J]．经济理论研究，2005（9）：15 – 17.

[46] 李康，杨兴君，杨雄．配股和增发的相关利益分析和政策研究 [Z]．2002 年深交所第四届会员研究成果，2002.

[47] 李寿喜．产权、代理成本和代理效率 [J]．经济研究，2007（1）：102 – 113.

[48] 李婉丽，崔领娟．不同股权结构下的关联交易与大股东利益转移关系 [J]．西安交通大学学报（社会科学版），2007（11）：40 – 45.

[49] 李鑫．股利政策、自由现金流与企业过度投资——基于中国上市公司的实证研究 [J]．经济与管理研究，2007（10）：35 – 40.

[50] 李云鹤，等．企业生命周期、公司治理与公司资本配置效率 [J]．南开管理评论，2011（3）：110 – 121.

[51] 李增泉，孙铮，王志伟．"掏空"与所有权安排——来自我国上市公司大股东资金占用的经验证据 [J]．会计研究，2004（12）：3 – 13.

[52] 廖珂等，控股股东股权质押与上市公司股利政策选择 [J]．金融研究．2018（4）：172 – 189.

[53] 林毅夫，李志赟．中国的国有企业与金融体制改革 [Z]．北京大学中国经济研究中心讨论稿，2003.10.

[54] 刘峰，贺建刚，魏明海．控制权、业绩与利益输送——基于五粮

液的案例研究 [J]. 管理世界, 2004 (8): 102 - 110, 118.

[55] 刘慧龙, 等. 大股东"隧道挖掘": 相互制衡还是竞争性合谋——基于"股权分置"背景下中国上市公司的经验研究 [J]. 中国会计评论. 2009 (1): 97 - 112.

[56] 刘建勇, 董晴. 资产重组中大股东承诺、现金补偿与中小股东利益保护——基于海润光伏的案例研究 [J]. 财贸研究, 2014 (1): 136 - 142.

[57] 刘孟晖. 内部人终极控制及其现金股利行为研究——来自中国上市公司的经验证据 [J]. 中国工业经济, 2012 (12): 122 - 132.

[58] 刘孟晖, 沈中华, 余怒涛. 上市公司股利分配行为特征研究 [J]. 经济问题, 2008 (1): 103 - 106.

[59] 刘孟晖, 沈中华, 余怒涛. 终极产权与公司价值——对中国上市公司激励与壁垒效应的实证检验 [J]. 华东经济管理, 2009 (1): 62 - 68.

[60] 刘孟晖. 内部人终极控制、股权特征与异常派现 [J]. 财贸研究, 2011 (6): 124 - 132.

[61] 刘孟晖. 大股东治理及其现金股利行为研究 [D]. 西南交通大学博士学位论文, 2008.

[62] 刘孟晖. 基于控制权的异常派现与非理性投资的相机抉择 [J], 系统工程, 2012 (11): 43 - 47.

[63] 刘孟晖. 资本结构与代理成本关系的研究评述 [J]. 财会通讯, 2011.

[64] 刘孟晖, 王晴云. 浅析万丰奥威异常高股利与财务弹性 [J]. 财会月刊, 2017 (19): 75 - 79.

[65] 刘孟晖, 武琼. 异常派现对投资效率影响研究——基于中国上市公司的经验证据 [J]. 证券市场导报 [J], 2016 (5): 42 - 52.

[66] 刘芍佳, 孙霈, 刘乃全. 终极产权论、股权结构及公司绩效 [J]. 经济研究, 2003 (4): 51 - 62.

[67] 刘少波. 控制权收益悖论与超控制权收益——对大股东侵害小股东利益的一个新的理论解释 [J]. 经济研究, 2007 (2): 85 - 96.

[68] 刘淑莲, 胡燕鸿. 中国上市公司现金分红实证分析 [J]. 会计研究, 2003 (4): 29 - 35.

[69] 刘星，刘伟. 监督，抑或共谋？——我国上市公司股权结构与公司价值的关系研究 [J]. 会计研究，2006（10）：68 – 75.

[70] 刘星，谭伟荣，李宁. 半强制分红政策、公司治理与现金股利政策 [J]. 南开管理评论，2016（5）：104 – 114.

[71] 刘银国，等. 股利政策、自由现金流与过度投资——基于公司治理机制的考察 [J]. 南开管理评论，2015（4）：139 – 150.

[72] 卢锐. 管理层权力、在职消费与产权效率来自中国上市公司的证据 [J]. 南开管理评论，2008（5）：85 – 92.

[73] 卢现祥. 西方新制度经济学 [M]. 北京：中国发展出版社，2003.

[74] 罗宏，黄文华. 国企分红、在职消费与公司业绩 [J]. 管理世界，2008（9）：139 – 148.

[75] 罗进辉，万迪昉. 大股东持股对公司价值影响的区间特征 [J]. 数理统计与管理，2010，29（6）：138 – 149.

[76] 罗琦，王寅. 投资者保护与控股股东资产偏好 [J]. 会计研究，2010（2）：57 – 64.

[77] 罗琦，李辉. 企业生命周期、股利决策与投资效率 [J]. 经济评论，2015（2）：115 – 125.

[78] 罗琦，伍敬侗. 控股股东代理与股利生命周期特征 [J]. 经济管理，2017（9）：167 – 179.

[79] 吕怀立，李婉丽. 多个大股东是否具有合谋动机？——基于家族企业非效率投资视角 [J]. 管理评论，2015（11）：107 – 117.

[80] 吕纤，罗琦. 现金股利迎合能力的影响因素 [J]. 经济科学，2019（3）：135 – 147.

[81] 吕长江，赵宇恒. 国有企业管理者激励效应研究——基于管理层权力的解释 [J]. 管理世界，2008（11）：9 – 110.

[82] 吕长江，王克敏. 上市公司股利政策的实证分析 [J]. 经济研究，1999（12）：31 – 39.

[83] 吕长江，肖成民. 最终控制人利益侵占的条件分析——对 LLSV 模型的扩展 [J]. 会计研究，2007（10）：82 – 86，96.

[84] 吕长江，周县华. 公司治理结构与股利分配动机——基于代理成

本和利益侵占的分析［J］. 南开管理评论，2005（3）：9－17.

［85］马洪潮. 中国股市投机的实证研究［J］. 金融研究，2001（3）：1－9.

［86］马静如，张铁鹏. 转折前夜. 制度变革奠定中国证券市场发展的基石——2005年中国证券市场回顾与展望［J］. 产权导刊，2006（1）：52－54.

［87］马君潞，李泽广，王群勇. 金融约束、代理成本假说与企业投资行为——来自中国上市公司的经验证据［J］. 南开经济研究，2008（1）：3－18.

［88］马磊，徐向艺. 两权分离度与公司治理绩效实证研究［J］. 中国工业经济，2010（12）：108－116.

［89］马鹏飞，董竹. 股利折价之谜——基于大股东掏空与监管迎合的探索［J］. 南开管理评论，2019（5）：159－172.

［90］马曙光，黄志忠，薛云奎. 股权分置、资金侵占与上市公司现金股利政策［J］. 会计研究，2005（9）：44－50，96.

［91］毛世平. 金字塔控制结构与股权制衡效应——基于中国上市公司的实证研究［J］. 管理世界，2009（1）：140－152.

［92］梅峰，邓立丽. 大股东占款对上市公司效率的影响——基于2001年－2005年实证数据的研究［J］. 上海经济研究，2007（4）：50－55，82.

［93］平新乔，范瑛，郝朝艳. 中国国有企业代理成本的实证分析［J］. 经济研究，2003（11）：42－53.

［94］强国令. 半强制分红政策、逆向选择与股利掏空［J］. 投资研究，2014（10）：118－131.

［95］秦志华，徐斌. 大股东行为影响公司价值的理论模型解释［J］. 管理科学，2011（4）.

［96］屈依娜，陈汉文. 现金股利政策、内部控制与市场反应［J］. 金融研究，2018（5）：191－206.

［97］权小锋，等. 管理层权力、私有收益与薪酬操纵［J］. 经济研究，2010（11）：73－87.

［98］冉茂盛，李文洲. 终极控制人的两权分离、债务融资与资金侵

占——基于家族上市公司的样本分析 [J]. 管理评论，2015（6）：197 - 208.

[99] 饶育蕾，贺曦，李湘平. 股利折价与迎合：来自我国上市公司现金股利分配的证据 [J]. 管理工程学报，2008（22）：133 - 136.

[100] 邵新建，等. 中国IPO上市首日的超高换手率之谜 [J]. 金融研究，2011（9）：122 - 137.

[101] 石桂峰，欧阳令南. 高额现金股利、可转换债券融资与市场效率——基于西宁特钢的案例分析 [J]. 财经问题研究，2004（6）：28 - 32.

[102] 宋福铁，屈文洲. 基于企业生命周期理论的现金股利分配实证研究 [J]. 中国工业经济. 2010（2）：140 - 149.

[103] 苏启林，朱文. 上市公司家族控制与企业价值 [J]. 经济研究，2003（8）：36 - 45.

[104] 孙菲，刘渝琳. 商业银行现金股利政策：迎合股东还是迎合市场 [J]. 经济体制改革，2013（2）：126 - 130.

[105] 孙健. 终极控制权与资本结构的选择——来自沪市的经验证据 [J]. 经济科学，2008（4）：18 - 25.

[106] 孙永祥，黄祖辉. 上市公司的股权结构与绩效 [J]. 经济研究，1999（12）：23 - 30，39.

[107] 谭雪. 实际控制人移民海外、异常高派现及其治理——基于代理理论的分析 [J]. 中南财经政法大学学报，2019（1）：57 - 65，159.

[108] 唐清泉，罗党论. 现金股利与控股股东的利益输送行为研究——来自中国上市公司的经验证据 [J]. 财贸研究，2006（1）：92 - 97.

[109] 唐松，孙铮. 政治关联、高管薪酬与企业未来经营绩效 [J]. 管理世界，2014（5）：93 - 105.

[110] 唐雪松，郭建强. 基于自由现金流代理成本假说的投资行为研究 [J]. 证券市场导报，2007（4）：62 - 68.

[111] 唐雪松，申慧，杜军. 独立董事监督中的动机——基于独立意见的经验证据 [J]. 管理世界，2010（9）：138 - 149.

[112] 唐跃军，谢仍明. 大股东制衡机制与现金股利的隧道效应——来自1999 - 2003年中国上市公司的证据 [J]. 南开经济研究，2006（1）：60 - 78.

[113] 唐跃军，谢仍明. 股份流动性、股权制衡机制与现金股利的隧道效应——来自 1999 - 2003 年中国上市公司的证据 [J]. 中国工业经济，2006 (2)：120 - 128.

[114] 唐跃军. 大股东制衡、互动效应与现金股利 [J]. 系统工程学报，2009 (3)：272 - 279.

[115] 唐宗明，蒋位. 中国上市公司大股东侵害程度实证研究 [J]. 经济研究，2002 (4)：44 - 50.

[116] 汪辉. 上市公司债务融资、公司治理与市场价值 [J]. 经济研究，2003 (8)：28 - 35，91.

[117] 王爱国，宋理升. 民营上市公司实际控制人与现金股利研究 [J] 2012 (2)：97 - 107.

[118] 王化成，等. 控股股东对上市公司现金股利政策影响的实证研究 [J]. 管理世界. 2007 (1)：122 - 127.

[119] 王怀明，史晓明. 公司治理结构与超能力派现的实证研究 [J]. 审计与经济研究，2006，21 (5)：82 - 85.

[120] 王欢，汤谷良. "借道" MBO：路径创新还是制度缺失？——基于双汇 MBO 的探索性案例研究 [J]. 管理世界，2012 (4)：125 - 137.

[121] 王俊. 委托代理理论视角下大股东侵害行为的机制分析 [J]. 管理现代化，2005 (3)：8 - 10.

[122] 王俊秋，张奇峰. 法律环境、金字塔结构与家族企业的"掏空"行为 [J]. 财贸研究，2007 (5)：97 - 104.

[123] 王茂林，何玉润，林慧婷. 管理层权力、现金股利与企业投资效率 [J]. 南开管理评论，2014，17 (2)：13 - 22.

[124] 王奇波，宋常. 国外关于最优股权结构与股权制衡的文献综述 [J]. 会计研究，2006 (1)：83 - 88，94.

[125] 王彦超. 金融抑制与商业信用二次配置功能 [J]. 经济研究，2014 (6)：86 - 99.

[126] 王跃堂，赵子夜，魏晓雁. 董事会的独立性是否影响公司绩效？ [J]. 经济研究，2006 (5)：62 - 73.

[127] 王志强，张玮婷. 上市公司财务灵活性、再融资期权与股利迎合

策略研究 [J]. 管理世界, 2012 (7): 151 - 163.

[128] 魏明海, 柳建华. 国企分红、治理因素与过度投资 [J]. 管理世界, 2007 (4): 88 - 95.

[129] 魏志华, 李茂良, 李常青. 半强制分红政策与中国上市公司分红行为 [J]. 经济研究, 2014 (6): 100 - 114.

[130] 魏志华, 等. 半强制分红政策、再融资动机与经典股利理论 [J]. 会计研究, 2017 (7): 55 - 61, 97.

[131] 文宗瑜. 产权制度改革与产权架构设计案例教程 [M]. 北京: 经济管理出版社, 2003 (7).

[132] 吴红军, 吴世农. 股权制衡、大股东掏空与企业价值 [J]. 经济管理, 2009 (3): 44 - 52.

[133] 吴淑琨, 柏杰, 席酉民. 董事长与总经理两职的分离与合——中国上市公司实证分析 [J]. 经济研究, 1998 (8): 21 - 28.

[134] 吴文锋, 吴冲锋, 刘晓薇. 中国民营上市公司高管的政府背景与公司价值 [J]. 经济研究, 2008 (7): 130 - 141.

[135] 伍利娜, 高强, 彭燕. 中国上市公司"异常高派现"影响因素研究 [J]. 经济科学, 2003 (1): 31 - 42.

[136] 夏立军, 方轶强. 政府控制、治理环境与公司价值 [J]. 经济研究, 2005 (5): 40 - 51.

[137] 肖珉, 现金股利、内部现金流与投资效率 [J]. 金融研究. 2010 (10): 117 - 134.

[138] 肖珉. 自由现金流量、利益输送与现金股利 [J]. 经济科学, 2005 (2): 67 - 76.

[139] 肖淑芳, 喻梦颖. 股权激励与股利分配——来自中国上市公司的经验证据 [J]. 会计研究 2012 (8): 49 - 57.

[140] 肖作平, 陈德胜. 公司治理结构对代理成本的影响 [J]. 财贸经济, 2006 (12): 29 - 35.

[141] 肖作平. 所有权和控制权的分离度、政府干预与资本结构选择——来自中国上市公司的实证证据 [J]. 南开管理评论, 2010 (5): 144 - 152.

［142］肖作平. 终极所有权结构对资本结构选择的影响——来自中国上市公司的经验证据［J］. 中国管理科学，2012（4）：167-176.

［143］肖作平，苏忠秦. 现金股利是"掏空"的工具还是掩饰"掏空"的面具？——来自中国上市公司的经验证据［J］. 管理工程学报. 2012（2）：77-84.

［144］谢德仁. 独立董事：代理问题之一部分［J］. 会计研究，2005（2）：39-45.

［145］谢德仁，等. 控股股东股权质押是潜在的"地雷"吗？——基于股价崩盘风险视角的研究［J］. 管理世界，2016（5）：128-140.

［146］谢佩洪，汪春霞. 管理层权力、企业生命周期与投资效率——基于中国制造业上市公司的经验研究［J］. 南开管理评论，2017（1）：57-66.

［147］熊德华，刘力. 股利支付决策与迎合理论——基于中国上市公司的实证研究［J］，经济科学，2007（5）：89-99.

［148］徐国祥，苏月中. 中国股市现金股利悖论研究［J］. 财经研究，2005（6）：132-144.

［149］徐莉萍，辛宇，陈工孟. 股权集中度和股权制衡及其对公司经营绩效的影响［J］. 经济研究，2006（1）：90-100.

［150］徐龙炳，陈百助. 终极控股股东控制权与自由现金流过度投资［J］. 经济研究，2010（8）：103-114.

［151］徐寿福，邓鸣茂，陈晶萍. 融资约束、现金股利与投资——现金流敏感性［J］. 山西财经大学学报，2016（2）：112-124.

［152］徐寿福，徐龙炳. 现金股利政策、代理成本与公司绩效［J］. 管理科学2015，28（1）：96-110.

［153］徐雪芬，纪建悦. 公司治理与上市公司股利政策［J］. 新金融，2005（1）：56-58.

［154］许家林. 独立董事制度建立与完善的会计视角解读［J］. 会计研究，2003（6）：18-24.

［155］许文彬，刘猛. 我国上市公司股权结构对现金股利政策的影响——基于股权分置改革前后的实证研究［J］. 中国工业经济，2009（12）：128-138.

[156] 薛祖云，黄彤. 董事会、监事会制度特征与会计信息质量——来自中国资本市场的经验分析 [J]. 财经理论与实践，2004 (4)：84-89.

[157] 闫华红，魏永红. 基于股权结构的家族控制与现金股利政策 [J]. 商业研究，2010 (9)：110-116.

[158] 阎达五，谭劲松. 我国上市公司独立董事制度：缺陷与改进——一个基于制度分析的研究框架 [J]. 会计研究，2003 (11)：3-9.

[159] 阎大颖. 中国上市公司首次股票股利信号传递有效性的实证研究 [J]. 财贸研究，2005 (4)：53-61..

[160] 杨宝等，中国证券市场"现金股利之谜"——基于1990~2015年上市公司分红数据的考察 [J]. 证券市场导报，2017 (9)：26-32.

[161] 杨慧辉，奚玉芹，闫宇坤. 控股股东动机、股权激励与非国有企业的投资效率 [J]. 软科学，2016 (8)：92-96.

[162] 杨瑞龙. 论国有经济中的多级委托代理关系 [J]. 管理世界，1997 (1)：106-115.

[163] 杨善林，杨模荣，姚禄仕. 股权分置改革与股票市场价值相关性研究 [J]. 会计研究，2006 (12)：41-46，95.

[164] 杨淑娥，苏坤. 终极控制、自由现金流约束与公司绩效——基于我国民营上市公司的经验证据 [J]. 会计研究，2009 (4)：78-86.

[165] 杨兴全，张丽平，陈旭东. 市场化进程与现金股利政策：治理效应抑或缓解融资约束？[J]. 经济与管理研究，2014 (5)：76-84.

[166] 杨兴全，李慧玲. 我国上市公司高派现：理论与证据 [J]. 石河子大学学报（哲学社会科学版），2005 (1)：49-52.

[167] 杨忠诚，王宗军. 基于终极产权论的股权结构与公司绩效研究 [J]. 华东经济管理，2008 (2)：86-89.

[168] 叶康涛，陆正飞，张志华. 独立董事能否抑制大股东的"掏空"？[J]. 经济研究，2007 (4)：101-111.

[169] 叶康涛. 公司控制权的隐性收益——来自中国非流通股转让市场的研究 [J]. 经济科学，2003 (5)：61-69.

[170] 叶康涛，祝继高，陆正飞，张然. 独立董事的独立性：基于董事会投票的证据 [J]. 经济研究，2011 (1)：126-139.

[171] 叶勇，胡培，何伟．上市公司终极控制权、股权结构及公司绩效 [J]．管理科学，2005（4）：58 – 64．

[172] 叶勇，胡培，黄登仕．中国上市公司终极控制权及其与东亚、西欧上市公司的比较分析 [J]．南开管理评论，2005（3）：25 – 31．

[173] 叶勇，刘波，黄雷．终极控制权、现金流量权与企业价值——基于隐性终极控制论的中国上市公司治理实证研究 [J]．管理科学学报，2007（4）：66 – 79．

[174] 于东智，王化成．独立董事与公司治理：理论、经验与实践 [J]．会计研究，2003（8）：8 – 13．

[175] 于东智．董事会、公司治理与绩效——对中国上市公司的经验分析 [J]．中国社会科学，2003（3）：29 – 41．

[176] 俞红海，徐龙炳，陈百助．终极控股股东控制权与自由现金流过度投资 [J]．经济研究，2010（8）：103 – 114．

[177] 郁光华，伏健．股份公司的代理成本和监督机制 [J]．经济研究，1994（3）：23 – 29．

[178] 袁萍，刘士余，高峰．关于中国上市公司董事会、监事会与公司业绩的研究 [J]．金融研究，2006（6）：23 – 32．

[179] 袁天荣，苏红亮．上市公司超能力派现的实证研究 [J]．会计研究，2004（10）：63 – 70．

[180] 袁振兴，杨淑娥．现金股利政策：控制权人挖掘利益侵占"隧道"的工具 [J]．经济经纬，2006（6）：74 – 76，107．

[181] 原红旗．中国上市公司股利政策研究 [M]．北京：中国财政经济出版社，2004（2）．

[182] 战勇，严太华．公司治理中多重委托代理悖论与制度辅助——兼与冯根福商榷 [J]．财经科学，2007（3）：97 – 104．

[183] 张光荣，曾勇，邓建平．大股东治理及股东之间的代理问题研究综述 [J]．管理学报，2007（5）：363 – 372，378．

[184] 张维迎．公有制经济中的委托人—代理人关系：理论分析和政策含义 [J]．经济研究，1995（4）：10 – 20．

[185] 张阳．控股股东利益导向与股利政策安排——基于用友软件"高

派现"的案例分析 [J]. 当代财经, 2003 (10): 54-57.

[186] 张兆国, 宋丽梦, 张庆. 我国上市公司资本结构影响股权代理成本的实证分析 [J]. 会计研究, 2005 (8): 44-49.

[187] 赵景文, 于增彪. 股权制衡与公司经营业绩 [J]. 会计研究, 2005 (12): 59-64, 96.

[188] 郑国坚, 等. 大股东股权质押、占款与企业价值 [J]. 管理科学学报. 2014 (9): 72-87.

[189] 周县华, 吕长江. 股权分置改革、高股利分配与投资者利益保护——基于驰宏锌锗的案例研究 [J]. 会计研究. 2008 (8): 59-68.

[190] 朱红军, 陈继云, 喻立勇. 中央政府、地方政府和国有企业利益分歧下的多重博弈与管制失效——宇通客车管理层收购案例研究 [J]. 管理世界, 2006 (4): 115-129, 172.

[191] 朱滔. 大股东控制、股权制衡与公司绩效 [J]. 管理科学, 2007 (10): 14-21.

[192] 朱小平, 暴冰, 杨妍. 股权分置改革与流动性定价问题研究 [J]. 会计研究, 2006 (2): 87-92.

[193] 朱云, 吴文锋, 吴冲锋. 国际视角下的中国股利支付率和收益率分析 [J]. 中国软科学, 2004 (11): 69-74.

[194] Aggarwal R. K., Samwick A. A.. Empire builders and shirkers: Investment, firm performance, and managerial incentives [J]. Journal of Corporate Finance, 2006, 12: 489-515.

[195] Agrawal A., Knoeber C. R.. Firm Performance and Mechanisms to Control Agency Problems between Managers and Shareholders [J]. Journal of Financial and Quantitative Analysis, 1996, 3: 377-397.

[196] Albuquerue R, Wang N. Agency conflicts, investment, and asset pricing [J]. The Journal of Finance, 2008, 1: 1-40.

[197] Almeida. H. V. Wolfenzon D.. A Theory of Pyramidal Ownership and Family Business Groups [J]. The Journal of Finance, 2006, 6: 2637-2680.

[198] Bae K. H., Kang J. K., Kim J. M.. Tunneling or value added? Evidence from mergers by Korean business groups [J]. Journal of Finance, 2002,

6: 2695 – 2740.

[199] Baker M. , Wurgler J.. A Catering Theory of Dividends [J]. Journal of Finance, 2004a, 59 (3): 1125 – 1165.

[200] Baker M. , Wurgler J.. Appearing and Disappearing Dividends: The Link to Catering Incentives [J]. Journal of Financial Economics, 2004b, 73 (2): 271 – 288.

[201] Barclay M. , Clifford H.. Private benefits of control of public corporations [J]. Journal of Financial Economics, 1989, 25: 371 – 395.

[202] Bebchuk L. A.. A rent-protection theory of corporate ownership and control [J]. Unpublished working paper 7203. National Bureau of Economic Research, Cambridge, MA, 1999.

[203] Beck T. , Levine R. , Loayza N.. Finance and the sources of growth [J]. Journal of Financial Economics, 2000, 1 – 2: 261 – 300.

[204] Bennedsen M. , Wolfenzon D.. The balance of power in closely held corporations [J]. Journal of Financial Economics, 2000, 1 – 2: 113 – 139.

[205] Benos E. , Weisbach M.. Private benefits and cross-listing in the United States [J]. Emerging Markets Review, 2004, 5: 217 – 240.

[206] Berkman H. , Cole R. , Fu J.. Political Connections and Minority-Share holder Protection: Evidence from Securities-Market Regulation in China [J]. SSRN working paper, 2007.

[207] Berle A. A. , Means G. C.. The Modern Corporation and Private Property [J]. New York: The MacMillan Company, 1932.

[208] Bhaduri S. N. , Durai S. R. S.. Empirical relationship between the dividend and investment decision: Do emerging market firms behave differently? [J]. Applied Financial Economics Letters, 2006, 3: 155 – 158.

[209] Bhagat S. , Black B. S.. The non-correlation between board independence and long-term firm performance [J]. Journal of Corporation Law, 2002, 27: 231 – 273.

[210] Bhattacharya S.. Imperfect information, dividend policy, and "the bird in the hand" fallacy [J]. The Bell Journal of Economics, 1979, 1: 259 –

270.

［211］Bianco M. , Nicodano G. . Pyramial Groups and Debt ［J］. Journal of Finance, 2006, 50（4）: 937 – 961.

［212］Black, F. . The dividend puzzle ［J］. Journal of Portfolio Management, 1976, 2: 5 – 8.

［213］Blanchard O. J. , Lopez-de-Silanes F. , Shleifer A. . What do Firms Do With Cash Windfalls? ［J］. Journal of Financial Economics, 1994, 3.

［214］Boone A. L. , Field L. C. , Karpoff J. M. , Raheja C. G. . The determinants of corporate board size and composition: an empirical analysis ［J］. Journal of Financial Economics, 2006.

［215］Brav A. , J. R. , Graham C. , Harvey R. , Michaely R. . Payout Policy in the 21st Century, Journal of Financial Economics, 2005, 3: 483 – 527.

［216］Chen C. R. , Steiner T. L. . Managerial Ownership and Agency Conflicts: A Nonlinear Simultaneous Equation Analysis of Managerial Chen C R, Steiner T L. Managerial ownership and agency conflicts: A nonlinear simultaneous equation analysis of managerial ownership, risk taking, debt policy, and dividend policy ［J］. Financial review, 1999, 1: 119 – 136.

［217］Chen Z. , Cheung Y. L. , Stouraitis A. , Wong A. W. S. . Ownership concentration, firm performance, and dividend policy in Hong Kong ［J］. Pacific-Basin Finance Journal, 2005, 13（4）: 431 – 449.

［218］Cheung Y. , Jing L. , Rau P. R. , Stouraitis A. . How does the grabbing hand grab? Tunneling assets from Chinese listed companies to the state ［J］. Unpublished working paper. Purdue University, West Lafayette, IN, 2007.

［219］Cho M. H. . Ownership Structure, Investment, and the Corporate Value: An Empirical Analysis ［J］. Journal of Financial Economics, 1998, 1: 103 – 121.

［220］Claessens S. , Djankov S. , Fan J. P. H. , Lang L. H. P. . The separation of ownership and control in East Asia corporations ［J］. Journal of Financial Economics, 2000, 1: 81 – 112.

［221］Claessens S. , Djankov S. , Fan J. , Lang L. . Disentangling the incentive and entrenchment effects of large shareholdings [J]. Journal of Finance, 2002, 6: 2741 – 2771.

[222] Coase R.. The Nature of the Firm, Economica [J]. 1937, 4: 386 – 405.

[223] Coles. J. L., Daniel N. D., Naveen L.. Board: does one size fit all? [J]. Journal of Financial Economics, 2006.

[224] Core J. E., Holthausen R. W., Larcker D. F.. Corporate governance, chief executive officer compensation, and firm performance [J]. Journal of Financial Economics, 1999, 3: 371 – 406.

[225] Cyert R., Kang S., Kumar P.. Corporate Governance, Takeovers, and Top-Management Compensation: Theory and Evidence [J]. Management Science, 2002, 4: 453 – 469.

[226] Dahya J., Dimitrov O., McConnell J. J.. Dominant shareholders, corporate boards, and corporate value: A cross-country analysis [J]. Journal of Financial Economics, 2008, 1: 73 – 100.

[227] De Angelo II., De Angelo L.. Payout Policy Irrelevance and the Dividend Puzzle [J]. SSRN Working Papers, 2004.

[228] De Angelo H., De Angelo L., Stulz, René M.. Dividend Policy and the Earned/Contributed Capital Mix: A Test of the Lifecycle Theory [J]. Social Science Electronic Publishing, 2006, 2: 227 – 254.

[229] Defond M. L., Hung M.. Investor Protection and Corporate Governance: Evidence from Worldwide CEO Turnover [J]. Journal of Accounting Research, 2004, 2: 269 – 312.

[230] Demsetz H., Lehn K.. The structure of corporate ownership: causes and consequences [J]. Journal of Political Economy, 1985, 6: 1155 – 1177.

[231] Demsetz H.. The structure of ownership and the theory of the firms [J]. Journal of Law and Economics, 1983, 2: 375 – 390.

[232] Denis D. J., Sibilkov V.. Financial Constraints, Investment, and the Value of Cash Holdings [J]. Review of Financial Studies, 2010, 1: 247 – 269.

[233] Diane K. D.. Twenty-five years of corporate governance research and

counting [J]. Review of Financial Economics, 2001, 10: 191 – 212.

[234] Dickinson. Cash Flow Patterns as a Proxy for Firm Life Cycle [J]. The Accounting Review, 2011, 6: 1969 – 1994.

[235] Doidge C., Karolyi G. A., Lins K. V., Miller D. P., Stulz R. M.. Private Benefits of Control, Ownership, and the Cross-listing Decision [J]. Journal of Finance, 2009, 1: 425 – 466.

[236] Doidge C. U. S.. Cross-listings and the private benefits of control: evidence from dual-class firms [J]. Journal of Financial Economics, 2004, 3: 519 – 553.

[237] Dyck I. J. A., Zingales L.. Private Benefits of Control: An International Comparison [J]. Journal of Finance, 2004, 2: 537 – 600.

[238] Easterbrook F. H.. Two Agency-Cost Explanations of Dividends [J]. American Economic Review, 1984, 4: 650 – 659.

[239] Eisenberg T., Sundgren S., Wells M.. Larger board size and decreasing firm value in small firms [J]. Journal of Financial Economics, 1998, 1: 35 – 54.

[240] Faccio M., Lang L. H. P.. The ultimate ownership of Western European corporations [J]. Journal of Financial Economics, 2002, 3: 365 – 395.

[241] Faccio M., Lang L. H. P., Young Y. L.. Dividends and Expropriation [J]. American Economic Review, 2001, 1: 54 – 79.

[242] Fama F. F., French K. R.. Disappearing Dividends: Changing Firm Characteristics or Lower Propensity to Pay [J]. Journal of Financial Economics, 2001, 1: 3 – 43.

[243] Fama E. F., Jensen. M. C.. Separation of Ownership and Control [J]. Journal of Law and Economics, 1983, 2: 301 – 326.

[244] Fan J. P. H., Wong T. J., Zhang T. Y.. Politically Connected CEOS, Corporate Governance Post-IPO Performance of China's Newly Partially Privatized firms [J]. Journal of Financial Economics, 2007, 2: 330 – 357.

[245] Ferris S. P., Jayaramanb N., Sabherwal S.. Catering Effects in Corporate Dividend Policy: The International Evidence [J]. Journal of Banking & Fi-

nance, 2009, 33 (9): 1730 – 1738.

[246] Fisman R.. Estimating the Value of Political Connections [J]. American Economic Review, 2001, 4: 1095 – 1102.

[247] Fleming G., Heaney R., Mc Coskera R.. Agency costs and ownership structure in Australia [J]. Pacific-Basin Finance Journal, 2005, 13: 29 – 52.

[248] Francis B., Hege U.. Multiple Shareholders and Control Contests [R]. SSRN Working papers, 2001.

[249] Frankfurter G. M., Wood Jr. B. G.. Dividend policy theories and their empirical tests [J]. International Review of Financial Analysis, 2002, 11: 111 – 138.

[250] Franks J., Mayer C.. The ownership and control of German corporations [J]. Unpublished manuscript, London Business School, 1994.

[251] Gilson S. C.. Management turnover and financial distress [J]. Journal of Financial Economics, 2006, 2: 241 – 262.

[252] Gomes A., Novaes W.. Sharing of Control versus Monitoring. PIER Working paper, University of Pennsylvania Law School [J], 2005.

[253] Gomes A.. Going public without governance: Managerial reputation effects, Journal of Finance [J], 2000, 2: 615 – 646.

[254] Gomes A., Novaes W.. Sharing of Control as a Corporate Governance Mechanism [J]. SSRN Working papers, 2001.

[255] Gompers P., Ishii J., Metrick A.. Corporate governance and equity prices, Quarterly Journal of Economics [J], 2003, 1: 107 – 155.

[256] Graham J., Harvey C.. The Theory and Practice of Corporate Finance: Evidence from the Field, Journal of Financial Economics [J], 2001, 2 – 3: 187 – 243.

[257] Green S.. China's Stock Market. Profile Books Ltd [J]. London, 2003.

[258] Grossman S., Hart O.. One Share-One Vote and the Market for Corporate Control. Journal of Financial Economics [J], 1988, 20: 175 – 202.

[259] Gugler K.. Corporate Governance and Investment [J]. International Journal of the Economics of Business [J], 2003, 3: 261 – 289.

［260］ Gugler K. , Yurtoglu B. B. . Corporate governance and dividend pay-out policy in Germany ［J］. European Economic Review, 2003, 4.

［261］ Heckman J. . Sample selection bias as a specification error. Econometrica ［J］, 1979: 153 - 161.

［262］ Himmelberg C. P. , Hubbard R. G. , Palia D. . Understanding the Determinants of Managerial Ownership and the Link Between Ownership Structure and Performance, Journal of Financial Economics ［J］, 1999, 3: 353 - 384.

［263］ Hu A. , Kumar P. . Managerial entrenchment and payout policy, Journal of Financial and Quantitative Analysis ［J］, 2004, 4: 759 - 790.

［264］ Hu X. , Schiantarelli F. . Investment and capital market imperfections: a switching regression approach using U. S. firm panel data ［J］. Review Economics and Statistics, 1998, 3: 466 - 479.

［265］ James S. A. , Rebel A. C. , James W. L. . Agency Cost and Ownership Structure ［J］. Journal of Finance, 2000, 1: 81 - 106.

［266］ Jawahar I. , Mc Laughlin G. . Toward a Descriptive Stakeholder Theory, Organizational Life Cycle Approach ［J］. Academy of Management Review, 2001, 3: 397 - 414.

［267］ Jensen M. C. , Meckling W. H. . Theory of the Firm: Managerial Behavior, Agency Costs and Ownership Structure ［J］, Journal of Financial Economics, 1976, 3: 305 - 360.

［268］ Jensen G. , Solberg D. , Zorn T. . Simultaneous Determination of Insider Ownership, Debt and Dividend Policies ［J］. Journal of Financial and Quantitative Analysis, 1992, 27: 247 - 63.

［269］ Jensen M. , Meckling W. . Theory of the Firm: Managerial Behavior, Agency Costs and Ownership Structure ［J］. Journal of Financial Economics, 1976, 3: 305 - 360.

［270］ Jensen M. . Agency Costs of Free Cash Flow, Corporate Finance, and Takeovers ［J］. American Economic Review, 1986, 2: 323 - 329.

［271］ Jiraporn P. , Ning Y. . Dividend Policy, Shareholder Rights, and Corporate Governance ［R］. SSRN Working Paper, 2006.

[272] John K. , Litov L. . Corporate governance and financing policy: New evidence, unpublished working paper [J], Washington University, 2006, 12: 378 – 388.

[273] Johnson S. , Boone P. , Breach A. , Friedman E. . Corporate governance in the Asian fnancial crisis [J]. Journal of Financial Economics, 2000, 58: 141 – 186.

[274] Johnson S. , La Porta R. , Lopez-de-Silanes F. , Shleifer A. . Tunnelling [J]. American Economic Review, 2000, 2: 22 – 27.

[275] Kalay A. . Signaling, Information Content, and the Reluctance to Cut Dividends [J]. Journal of Financial and Quantitative Analysis, 1982, 2: 855 – 869.

[276] Knez P. J. , Ready M. J. . On the robustness of size and book-to-market in cross-sectional regressions [J]. The Journal of Finance, 1997, 4: 1355 – 1382.

[277] Kole S. . Managerial Ownership and Firm Performance: Incentives or Rewards? [J]. Advances in Financial Economics, 1996, 2: 119 – 149.

[278] Kulchania M. . Catering Driven Substitution in Corporate Payouts [J]. Journal of Corporate Finance, 2013, 21 (6): 180 – 195.

[279] La Porta R. , Lopez-de-Silanes F. , Shleifer A. , Vishny R. W. . Investor Protection and Corporate Governance [J]. Journal of Financial Economics, 2000, 1 – 2: 3 – 27.

[280] La Porta R. , Lopez-de-Silanes F. , Shleifer A. , Vishny R. W. . Investor Protection and Corporate Valuation [J]. Journal of Finance, 2002, 3: 1147 – 1170.

[281] La Porta R. , Lopez-de-Silanes F. , Shleifer A. , Vishny R. W. . Law and Finance [J]. Journal of Political Economy, 1998, 6: 1113 – 1155.

[282] La Porta R. , Lopez-de-Silanes F. , Shleifer A. , Vishny R. W. . Legal determinants of external finance [J], Journal of Finance, 1997, 3: 1131 – 1150.

[283] La Porta R. , Lopez-de-Silanes F. , Shleifer A. . Corporate Ownership Around the World [J]. Journal of Finance, 1999, 2: 471 – 517.

［284］Lambrecht B. M. , Myers S. C. . The Dynamics of Investment, Payout and Debt ［R］. Working Paper, University of Cambridge, 2017.

［285］Lang L. H. P. , Litzenberger R. H. . Dividend announcements: Cash flow signalling vs. free cash flow hypothesis? ［J］. Journal of Financial Economics, 1989, 1: 181 – 191.

［286］Lee C. W. J. , Xiao X. . Cash Dividends and Large Shareholder Expropriation in China ［R］. SSRN Electronic Journal, 2002.

［287］Lee T. S. , Yeh Y. H. . Corporate Governance and Financial Distress: Evidence Form Taiwan, Corporate Governance: An International Review, 2004: 378 – 388.

［288］Lee J. C. , Xiao X. . Cash Dividend in China: Liquidating, Expropriation and Earnings Management ［J］. SSRN working paper, 2003.

［289］Lemmons M. L. , Lins K. V. . Ownership Structure, Corporate Governance, and Firm Value: Evidence from the East Asian Financial Crisis ［J］. Journal of Finance, 2003, 58: 1445 – 1468.

［290］Yang T. , Linck J. S. , Netter J. M. . A large sample study on board changes and determinants of board structure ［R］. working paper, Terry College of Business, 2004.

［291］Li W. , Lie E. . Dividend Changes and Catering Incentives ［J］. Journal of Financial Economics, 2006, 80 (2): 293 – 308.

［292］Linck J. S. , Netter J. M. , Yang T. . The determinants of board structure ［J］. Journal of financial economics, 2008, 2: 308 – 328.

［293］Lins Karl V. . Equity Ownership and Firm Value in Emerging Markets ［J］. Journal of Financial and Quantitative Analysis, 2003, 1: 159 – 184.

［294］Lipton, Lorsch. A modest proposal for improved corporate governance ［J］. Business Lawyer, 1992, 1: 59 – 77.

［295］Liu Q. , Lu J. Z. . Earnings Management to Tunnel: Evidence from China's Listed Companies ［R］. SSRN working paper, 2004.

［296］Maddala G. S. , Nelson F. . Switching regression models with exogenous and endogenous switching, Proceedings of the Business and Economic Statistics Section [J]. American Statistical Association, 1975: 423 – 426.

[297] Mancinelli L. , Ozkan A.. Ownership structure and dividend policy: Evidence from Italian firms [J]. The European Journal of Finance, 2006, 3: 265 – 282.

[298] Michaely R. , Roberts M.. Dividend Smoothing, Agency Costs, and Information Asymmetry: Lessons From the Dividend Policies of Private Firms [R]. Unpublished working paper, 2006.

[299] Miller M. H. , Modigliani F.. Dividend policy, growth, and the valuation of shares [J]. the Journal of Business, 1961, 4: 411 – 433.

[300] Mitton T.. Corporate Governance and Dividend Policy in Emerging Markets [J]. Emerging Markets Review, 2004, 5: 409 – 426.

[301] Morck R. , Shleifer A. , Vishny R.. Management Ownership and Market Valuation: An Empirical Analysis [J]. Journal of Financial Economics, 1988, 20: 293 – 316.

[302] Myers S. C. , Majluf N. S. Corporate Financing and Investment Decisions: When Firms have Information that Investors do not have [J]. Journal of Financial Economics, 1984, 2: 187 – 222.

[303] Myers S. C.. Outside Equity, Journal of Finance [J]. 2000, 3: 1005 – 1037.

[304] Myers S. , Determinants of corporate borrowing [J]. Journal of Financial Economics, 1977, 5, 147 – 175.

[305] Nelson M. W. , Elliott J. A. , Tarp Iey R. L.. Evidence from Auditors about Managers' and Auditors' Earnings Management Decisions [J]. The Accounting Review 2002, 4: 175 – 202.

[306] Nicodano G. , Alessandro S.. Private benefits, block transaction premiums, and ownership structure [J]. International Review of Financial Analysis, 2004, 2: 227 – 244.

[307] Officer M. S.. Dividend Policy, Dividend Initiations, and Governance, SSRN Working Paper, 2006.

[308] Qiao Liu, Zhou, Joe Lu. Corporate governance and earnings manage-

ment in the Chinese listed companies: A tunneling perspective [J]. Journal of Corporate Finance, 2007, forthcoming.

[309] Rajan R. G.. Insiders and Outsiders: The Choice Between Informed and Arms Length Debt [J]. The Journal of Finance, 1992, 4: 1367 – 1400.

[310] Ramalingegowda S., Wang C. S., Yu Y.. The Role of Financial Reporting Quality in Mitigating the Constraining Effect of Dividend Policy on Investment Decisions [J]. The Accounting Review, 2013, 3: 1007 – 1039.

[311] Renneboog L. B., Szilagyia P. G.. How Relevant is Dividend Policy Under Low Shareholder Protection [J], SSRN Working Paper, 2006.

[312] Richardson. Overment of Free Cash Flow [J]. Review of Accounting Studies, 2006, 11, 2 – 3: 159 – 189.

[313] Rosenstein S., Wyatt J. G.. Inside Directors, Board Effectiveness and Shareholder Wealth [J]. Journal of Financial Economics, 1997, 2: 229 – 250.

[314] Rozeff M. S. Growth, Beta and Agency Costs as Determinants of Dividend Payout Ratio [J]. Journal of Financial Research, 1982, 5 (3): 249 – 259.

[315] Salas J. M.. Dividend initiations, analyst forecasts, and the cost of capital [Z]. SSRN Working Paper, No. 885687, 2006.

[316] Schooley D. K., Barney Jr L. D.. Using Dividend Policy and Managerial Ownership to Reduce Agency Costs [J]. Journal of Financial Research, 2004, 17, 3: 363 – 373.

[317] Shen C. H., Chen J. T., Wu M. W.. Earlier Warning Model: Establishment and Influence of a Moral Hazard Ratio in the Taiwan Banking Industry [J], Journal of Management, 2005, 22: 1 – 28.

[318] Shen C. H., Lin K. L.. The Impact of Corporate Governance on The Relations Among Financial Ratios and Stock Returns: An Endogenous Switching Model Approach [J], Working paper, National Chenchi University, 2006.

[319] Shijun Cheng. Board size and the variability of corporate performance [J], Journal of Financial Economics, 2008, 1: 157 – 176.

[320] Shleifer, Vishny. Large Shareholders and Corporate Control [J].

Journal of Political Economy, 1986, 94: 461 −479.

[321] Shleifer A., Vishny R. W.. A Survey of Corporate Governance [J]. Journal of Finance, 1997, 2: 737 −783.

[322] Shleifer A., Vishny R.. Large Shareholder and Corporate Control [J]. Journal of Political Economy, 1986, 3: 461 −488.

[323] Smith C., Watts R.. The Investment Opportunity Set and Corporate Financing, dividend, and compensation policies [J]. Journal of Financial Economics, 1992, 3: 263 −292.

[324] Stulz R. M.. Managerial Control of Voting Rights: Financing Policies and the Market for Corporate Control [J]. Journal of Financial Economics, 1988, 20: 25 −54.

[325] Stulz R. M.. Managerial discretion and optimal financing policies [J]. Journal of Financial Economics, 1990, 26.

[326] Thanatawee Y.. Ownership Structure and Dividend Policy: Evidence from Thailand [J]. International Journal of Economics and Finance, 2013, 5 (1): 121 −132.

[327] Tong H., Lim K. S.. Threshold autoregression, limit cycles and cyclical data [M]. Exploration Of A Nonlinear World: An Appreciation of Howell Tong's Contributions to Statistics. 2009: 9 −56.

[328] Wen Y., Jia J.. Institutional Ownership, Managerial Ownership and Dividend Policy in Bank Holding Companies [J]. International Review of Accounting, Bank and Finance, 2010, 2: 1.

[329] White H.. A heteroskedasticity-consistent covariance matrix estimator and a direct test for heteroskedasticity [J]. Econometrica, 1980, 4: 817 −838.

[330] Wong J. C., Chen M. C.. An Empirical Investigation of Impacts of the Imputation Tax System on Corporate Dividend Payouts [J]. Journal of Management, 2004, 21 (2): 257 −277.

[331] Wu, Xueping and Wangzheng. Equity Financing in a Myers Majluf Framework with Private Benefits of Control [J]. Journal of Corporate Finance, 2005, 11: 915 −945.

[332] Yeh Y. H. , Lee T. S. , Woidtke T.. Family Control and Corporate Governance: Evidence for Taiwan [J]. International Review of Finance, 2001, 2: 21 – 48.

[333] Yermack D.. Higher Market Valuation of Companies With a Small Board of Directors [J]. Journal of Financial Economics, 1996, 40: 185 – 211.

[334] Zhang G. , Eicher T. S. , Imrohoroglu A. , et al. Ownership concentration, risk aversion and the effect of financial structure on investment decisions [J]. European Economic Review, 1998, 42 (9): 1751 – 1778.